DIAMOND NEO BOOKS

壁を越える扉を開く

「管理会計学」が教えてくれたこと

上總 康行

まえがき

自分の足跡を振り返ってみますと、およそ17年ごとに人生の大きな節目があることに気付かされます。

まずは、丹後の宮津・野田川町で過ごした幼少・少年時代の17年間（第1期）。次が、多くの人から温かい支援を受けながら日本電池と立命館大学で自己研鑽に励んだ17年間（第2期）。続いて、生活と仕事の場所を尾張名古屋に移して研究と教育に磨きをかけた17年間（第3期）。さらに、弟子を育てたい一心で頭脳鍛練を試みた京都大学と、優れた管理会計実務の発掘に挑んだ福井県立大学の17年間（第4期）。単なる偶然だと言ってしまえばそれまでの話ではありますが、私は「17」という数字に不思議な縁《えにし》を感じています。

そしていま、再び名古屋に戻ってきて、メルコ学術振興財団の代表理事として「日本の管理会計を世界へ」という財団の行動指針を実践探求する新しい時代（第5期）が進行中です。

私は名城大学、京都大学、福井県立大学と3つの大学で教壇に立ちましたが、象牙の塔の中の階段を一段ずつ上ったタイプの学者ではありません。私の人生の第2期に当たる日本電池のサラリーマン時代には、約10年間にわたり、働きながら立命館大学で学びました。つまり、サラリーマンと学生という二足の草鞋を履いていたわけです。

時間に追われる日々でした。睡魔との戦いの日々でした。会社では遅刻の常習犯でした。学業に専念できる一般学生を羨望の眼で眺めたものです。

それだけに、日本電池を退社して自由な時間を獲得したときの喜びはひとしおでした。満々と蓄えられたダムの水が一気に放流されるような勢いで、全エネルギーを学業に傾けることができたわけです。人は環境の生き物ですから、自由な環境に馴染んでしまうと、その有難味をつい忘れがちです。枷を掛けられた不自由さを味わうことにより、初めて自由の尊さを実感できるものだと思います。

二足の草鞋は、私が携わる「管理会計学」という学問の領域でも生かされたと思います。なぜなら実社会で仕事をするということは、象牙の塔の外に出て、フィールドワークをすることに他ならないからです。そして、知識はフィールドワークによって磨かれるものです。

それにしても、「光陰矢の如し」ということわざがあるように、あっという間の70年でした。

「人にできることは自分にもできる！」

「努力の先にしか奇跡は起きない！」

と、いつも自分自身に言い聞かせて、何度も何度も先人が築いた頑丈で鉄壁な学問の壁や門に体当たりを試みてきました。解決した問題もあれば、いまだ挑戦中の難問もあります。今後も頭脳と身体が動く限り、挑戦を続けたいと思っています。

本書は、決してスマートなものではなく、むしろジタバタしただけの一人の男、平家魂と会津魂の血を引く丹後人の生きざまを書き綴ったものです。

記憶を中心にして書いていますので、不正確な部分やあいまいな部分、あるいは勘違いしている部分が多々あるかもしれません。その点はお許し願うとして、私の生きざまについて読者の中に少しでも共感していただける方がいるようならば、それは極上の幸せです。

２０１５年２月

尾張名古屋山崎川の畔にて

上總康行

高寺貞男先生に本書を捧げる

壁を越える　扉を開く

目次

第6章

第1章

丹後ちりめんと蒸気機関車

薄紫色にかすむ
酒呑童子伝説の大江山

私が育った京都府北部の与謝郡野田川町（現・与謝野町）は、酒呑童子伝説でおなじみの大江山の北側山麓に広がる小さな町です。「弁当忘れても傘忘れるな」と言われるほど雨の多い一帯で、その湿気の多い気候が絹糸には好都合なのか、江戸時代から高級絹織物の一つである「丹後ちりめん」の産地として知られています。

私の幼少時代から使用していたのはフランスの発明家ジャカール（Joseph Marie Jacquard）によって発明されたとされるジャガード式織機《しょっき》で、毎朝6時〜7時頃から、町はその織機の奏でる「シャシャ〜ッ、シャシャ〜ッ、シャシャ〜ッ」という、通り雨のような音に包まれました。

泊まりがけで遊びに来ていた友人が、早朝、「雨だ！」と叫んで飛び起きたこともありました。といっても、町には大規模な織物工場が一つあるだけで、ほとんどは農家が部屋を改造してできた土間に、1台か2台のジャガード式織機を備えて、農作業の合間に丹後ちりめんを織っていました。織り上がったちりめんは、白生地のまま地域の織元さんに集められ、京都・室町の問屋さんに出荷されて染色や縫製がほどこされて製品となります。つまり野田川町の農家は、現金収入を得る副業として丹後ちりめんを織っていたわけです。

幼少時を振り返ると、いまでもあの織機が奏でる通り雨のような音と、町の南南西方向に薄紫色にかすんで見える大江山がよみがえってきます。

上總家のルーツは平清盛の嫡男・平重盛の御家人で伊藤忠清を父とする上總五郎忠光であり、一ノ谷の戦いに敗れたのち、平重盛の嫡男・平維盛や平忠房とともに熊野神社で一時身を隠して、その後、平維盛らと別れを告げ、大江山の向こう側（南側）にあたる大江町（現・福知山市）北原に落ち延びたそうです。大江町の歴史をひも解きますと、私ども上總家の他にも、大隅家、越中家という落人3家族がそこで逼塞《ひっそく》していたという記述があります。

私がこの世に生を受けたのは1944年3月、終戦の前年でした。場所は兵庫県尼崎市。両親からは「米軍爆撃機B29の空襲で爆弾が降り注ぐ中、必死で逃げ回った」と聞かされていますが、まったく記憶にはありません。ただし、幼少時に風邪などで高熱を出したとき、どこからか正体不明の爆音が聞こえて来て、うなされたことはたびたびでした。あれはおそらくB29の爆音。当人の記憶とは別に、爆音が脳細胞のどこかに刷り込まれていたのでしょう。

1歳4ヵ月で終戦を迎えた後、家族とともに、父の故郷である野田川町に戻ってきました。

父は丹後ちりめんの「紋紙屋」を営んでいました。

紋紙とは、ジャカード式織機で丹後ちりめんを織る際に地紋や柄を出すために使用する厚紙のことで、一つの柄を織り出すのに数百枚、場合によっては数千枚もの紋紙を使用して織り込まれますが、紙にはたくさんの穴が開いていて、穴の有無によって紋や柄のデータが機械にとり込まれる仕組みになっています。

穴が「有」「無」「有」「無」……、「0」「1」「0」「1」……、その組み合わせがコンピュータのデジタルデータの原理に似ていることから、丹後ちりめんの紋紙は現在のパソコンにつながるとイメージを広げる方もいるようです。ともあれ、父はその紋紙を作製する仕事をしていて、来る日も来る日も機械のペダルを足で踏みながら厚紙に穴を開けていたのを覚えています。部屋のあちこちには、紋紙がうず高く積まれていました。

私の5歳下に次男の信行、その4歳下に妹の美佐子、さらに4歳下に三男の紀雅《としまさ》がいましたから、紋紙屋・上總家の暮らし向きは決して豊かではありませんでした。そのせいもあり、高校を卒業する頃までは、「一家団欒で、そろってご馳走を囲む」という思い出がありません。

それでも年末には、年に一度のすき焼きを家族そろって食べていましたし、母の手作りの「ぼたもち」と称するおはぎや丹後名物のサバ缶を使ったバラ寿司を食べるのは、子ども心に楽しみでした。

バレーボールと新聞配達の江陽中学時代

3月生まれ、つまり早生まれだったため他の児童に比べると身体が小さく、小学校の入学式のときは前から2番目でした。身体能力が周囲に追いついたのは5年生くらいだったと思います。

なにかというと体育館に整列させられ、校長や教頭の訓示を仰ぐような6年間で、ゲンコツ教育は当たり前の時代でしたが、中でも小学校6年生のときのゲンコツの味はよく覚えています。

6年生のときは前から10番目でした。ある朝、例によって体育館に整列したとき、前から順番に番号をかけさせられました。「いち」「に」「さん」「し」……、やがて私の順番となり、10を「とう！」と言ってしまったのです。

「ばかもん！」

ここで、ゲンコツをガツン！

「やりなおし！」

「？？？？」

「とうの次はいくつや？」

「？？？？」

「とういち、とうにと言うか？」

「？？？？」

「じゅうやろ！」

ゲンコツの痛さで、10は「とう」ではなく、「じゅう」であるという算数の初歩の初歩がしっかりと刻み込まれたのでした。いま考えると、のどかな時代です。


中学は家から徒歩で300メートルあまりのところにある野田川町立江陽中学校でした。1クラス50名で5クラス。さほど運動神経はよくなかったのですが、バレーボール部（当時は排球部）に入部しました。背が高くなかったので、後衛専門。ボールを拾うのが仕事です。

中学2年生から卒業するまでの2年間、読売新聞の新聞配達をしました。朝6時に近所の販売店に集合し、折込広告を各自はさんで配達するのですが、毎朝新聞を抱えてジョギングをしているようなものですから、ずいぶんと持久力がついたように思います。

当時、配達の途中でいつも出会う同年齢の少年がいました。この男こそ江陽中学一の秀才で、のちに地元の加悦谷高等学校から東京大学農学部、同大学院へと進んだ大木正彦でした。当時は、新聞配達をする勤労少年が珍しくなかったのです。

私は中学3年生のときに行われた全校統一試験で、かろうじて上位1割に入っている程度。「まあまあ」という評価がぴったりの成績でした。

蒸気機関車の炉に石炭をくべたのどかな高校時代

1959年4月、私は京都府立宮津高等学校電気科に入学しました。高校のある宮津市は、天橋立で知られる観光名所です。

神武景気→なべ底景気→岩戸景気という景気循環の中、高度経済成長の前段階として日本は経済の離陸を果たし、「もはや戦後ではない」という言葉が流行った時代で、中でも工業関係、特に電気関係の企業は将来有望だとされていました。

当時、中学校の同級生で高校へ進学する者は3割程度、大学に進むものはクラスで2〜3人程度でしたが、私は当初、大学に進んで医者になりたいと思っていました。青森県生まれの母の実家は会津武士の血を引く家系で、ことあるごとに同じ会津若松出身の野口英世を引き合いに出し、

「あなたも、貧しくても勉学に励み、世界にその名をとどろかせた野口英世のようになりなさい！」

そう言われて育てられたことも影響していたのでしょう。

しかし、家の経済的事情を考えると、医大に進学するのは絶望的です。子どもなりに自分の家の台所事情はよくわかっているもので、

「医大は無理。でも、大学には行きたい。ならば、自分で学費を稼ぎながら行くしかない」

と、自分なりに判断して、就職に最も有利な「電気科」を選択したわけです。

京都府下のすべての高等学校の中で、当時「電気科」が設置されていたのは、京都市内の洛陽工業高等学校と宮津高等学校の2校だけでした。そのため宮津高等学校電気科には、宮津市

内や近隣の町はもちろん、通学が不可能で下宿生活を送らねばならない丹後半島の間人《たいざ》、久美浜、網野、峰山（現・京丹後市）や福知山市内の中学校からも優秀な学生たちが集まっていました。

おわかりのように、同校の「電気科」は倍率が高く、狭き門だったわけです。

江陽中学時代の担任の荒木先生には、高校受験に際し、

「宮津高校の電気科かあ……。あそこは難しいぞ。落ちても知らんぞ！」

半ば呆れられたのを覚えています。

ところが、幸いにも電気科に合格したのでした。

入学式直後の4月10日、宮津市内のうどん屋のテレビで、偶然、皇太子殿下（当時）ご成婚のパレードを見ました。日本中が大フィーバーしている様子が、電波を通じて丹後の宮津にも届けられたということです。

当時、三種の神器と崇められたのが（白黒）テレビと洗濯機、そして冷蔵庫。ちなみに我が家に初めて白黒テレビが入ったのは、高校3年生の夏でした。

高校時代の3年間は、野田川から宮津までの区間を汽車通学しました。そう、電車ではなく

て、まだ蒸気機関車が走っていた時代です。

車両内は向かい合わせのボックスシートで、中には石炭の匂いがこもっています。窓を開けると煤煙が飛び込んできて、目にしみることがたびたびでした。

当時はのどかな時代でしたから、ホームをダッシュして、

「機関手さん、そこに乗せて！」

機関室の外からそうお願いすると、

「よし、坊主、乗りや」

という感じで、通学途中、スコップで炉に石炭をくべる手伝いなどさせてもらったものです。就業規則や企業のコンプライアンスに縛られるのではなく、どの職業人にも自己判断の裁量の領域があったということ。心にゆとりがあった時代だという言い方もできるでしょう。

駅前商店街には坂本九の『上を向いて歩こう』や吉永小百合と橋幸夫の『いつでも夢を』といったヒット曲が流れ、日本にとても勢いがあった時代でした。田園地帯を切り裂くようにして力強く走る蒸気機関車は、その象徴だった気もします。いまでも、脳裏には真っ赤に燃え盛る石炭の炎や、煙突から噴き出す煙、そして煤煙で薄汚れた蒸気機関車の機関手の笑顔がよみがえってくるのです。

1962年3月、宮津高等学校を卒業。

地元に残った者もいましたが、同級生の大半は京阪神地方の電気関係の企業に就職しました。「電気科卒」の学生は、どこも引く手あまただったのです。

私は、京都市南区に本社があり、自動車用バッテリーではトップメーカーだった日本電池に就職し、照明事業部製造部技術課に配属されました。

日本電池といえば東証一部上場企業で、当時の京阪神地区の電気科卒の高校生にとっては憧れの企業の一つです。

私は働きながら学ぶ心づもりでしたから、就業時間が午前8時から午後4時までで、市電を乗り継げば立命館大学理工学部の第二部に通学できるというのが決め手でした。

コラム①

自作の「真空管アンプ」

宮津高等学校電気科では強電系・電気工学系の授業科目が多く、第二種電気主任技術者試験に合格することが大きな目標の一つでした。高校3年生のときにクラスメイトといっしょに受験しましたが、勉強不足もはなはだしくて、予想通りに不合格でした。数人の同級生が合格し、卒業後はその資格を生かした道へ進んでいきました。

強電系とは異なる、25ボルト以下の弱電系・電子工学系の授業科目もありました。当時、ラジオといえば真空管式5球スーパーヘテロダインラジオ（通称・5球スーパーラジオ）が一般的であり、近所のラジオ店から廃品部品をもらい受け、5球スーパーラジオを組み立てたものです。

木製の箱、アルミのシャーシ、トランス、コンデンサ、真空管、抵抗、スピーカーなどを寄せ集めて、ラジオを自作しました。悪戦苦闘の末、ラジオが動く、音が出る。機械は動く様子が見えるが、電子機器はまったく見えない。果たして音は出るのか？　息を止めるようにしてスイッチ・オン！

首尾よく音が聞こえたときは、感動ものでした。

この経験を通じて、設計図の大切さ、設計図通りに作ることの大切さを学びました。つまり、やみくもにコードをつないでも音は出ないのです。

クラスメイトの中には音のいいオーディオアンプや大型スピーカーを自作する者もいました。彼らの下宿に立ち寄っては、オーディオアンプが完成していく様子を傍で眺めていたものですが、大出力を出す真空管は高価であったため、私には手の届かぬ高嶺の花でした。

日本電池に就職後、正月休みで丹後の実家に帰省した際に、丹後と京都・西陣とを日帰りで往復する「京都定便」を利用して部品を買い集め、大晦日に急いで組み立てて、なんとか紅白歌合戦の開幕に間に合わせ、家族で放送を楽しんだこともありました。

第2章

京都のうどん屋で恩師・西田博先生と課外授業

中堅社員として
がんばってください！

首尾よく日本電池に就職（内定）が決まると、半年余りの研修が待っていました。研修期間といえば社会人としての船出の儀式のようなもので、100名ほどいたフレッシュマンたちは皆意気揚々としていたはずですが、実は私は、その期間中に軽い失望感を味わったのでした。

研修期間中は、会社概要を記した冊子を精読したり、会社から与えられたいくつかの課題を作成したりしながら、徐々にその会社の色や空気に馴染んでいくものですが、私たち高卒社員に渡された書類の一つに、「中堅社員として頑張ってください」という記述があったのです。

「アレッ？」と拍子抜けしました。

青雲の志に燃えた、前途洋々の18歳（正確には17歳半）の若者です。無限の可能性を夢見ています。そこに、「中堅社員として頑張ってください」という呼びかけ。裏を返せば、この会社でいくら頑張っても中堅社員止まりだということです。一瞬、冷水を浴びせられたような思いを味わいました。同時に、

「やっぱり、大学を出なきゃだめだな！」

と、生来の負けん気がムラムラと頭をもたげてきたのでした。どこで培われたのかはわかりませんが、平家魂か会津魂か、私は、負けん気だけは強かったように思います。

環境にも恵まれていました。当時、この会社の高卒社員の学力レベルは極めて高く、中でも向学心のある先輩たちは働きながら立命館大学、同志社大学、京都工芸繊維大学などの夜間で学んでいました。中には、京都大学や同志社大学の一部に合格して、退社するものも少なからずいました。会社も、そういう若者の向学心に対しては支援を惜しまないという社風でした。

配属されたのは照明事業部製造部技術課。ゴルフ場や野球場のナイター設備を作るのが主な業務でした。

入社後1年ほどたって日本電池の水に慣れてきた頃、東京支店への転勤を命じられました。当時の私の頭の中は、「立命館の夜間に行く」という思いでいっぱいでしたから、転勤を命じられたとき、真っ先に脳裏をよぎったのは、「ああ、これで大学入学が遅れるな」という思いでした。

忸怩《じくじ》たる思いで、羽田の独身寮と新橋の東京支店を往復する日々が続きました。

アメリカのケネディ大統領が暗殺された年です。ソ連の女性飛行士・テレシコワが、「わたしはカモメ」という言葉を残した年です。巷では若者を中心にボウリングが大ブームでした。

しかし、私の関心は、そんなことより、あくまでも大学入学です。

東京支店での生活が半年余り経過したとき、しびれを切らした私は、上司に、

「大学に行きたいから、京都に帰らせてほしい！」

と、直訴したのでした。そのときの上司の反応はよく覚えています。

「わざわざ京都に帰らなくてもいいじゃないか。大学なら、東京にもいくらでもあるぞ。おまえなら、早稲田、受かるぞ」

しかし、私の頭の中は、多くの先輩たちがいる京都の大学でいっぱいだったのです。いま考えれば、井の中の蛙だったということでしょう。あのとき、上司の忠告通りに早稲田大学の夜間に行っていたなら、私の人生はおよそ違ったものになっていたのかもしれません。


京都の本社に戻った私は、入社2年後の1964年4月、末川博先生が総長をしていた立命館大学の第二部理工学部基礎工学科に入学しました。

憧れの大学に入ったわけですが、この時期はお世辞にも勉強したとは言えません。

当時の私のライフスタイルは以下の通りです。

あくまでも日本電池の正社員ですから、朝8時から夕方4時までは会社の業務に縛られます。

仕事を終えると市電を乗り継いで、夕方5時15分には立命館大学の校門をくぐる。学食でかき込むようにして晩飯を食べ、5時30分から9時50分まで授業。社員寮の部屋に帰って眠るのは、夜中の12時を過ぎていました。

以上は、勤労学生の誰もが経験する日常ですが、私にはそこに趣味の「野球」が加わったのです。週に1回程度、早朝の5時から7時30分まで草野球の練習をして、あわてて8時始業の会社に駆けつける、土日には軟式野球の試合に明け暮れるという日々でしたから、睡眠時間は平均4～5時間。それでも高校教員免許（工業二級）を取得し、4年間で立命館大学第二部を無事卒業しました。

タフな身体に生んでくれた両親に感謝しています。もしかしたら、中学時代の新聞配達がものをいったのでしょうか。

やがてコンピュータは時代の花形になる！

4年間にわたり、日本電池の社員と立命館大学生の二足の草鞋を履き、時間に追われる日々を送っていたわけですから、大学を卒業するとなんだか時間が余って仕方なかった。会社の仕事に最も精を出したのは、この頃だったかもしれません。

製造部技術課では広島県の北部・三次市のゴルフ場のナイター設備を作ることになり、私はその設計・工事責任者として、しばしば広島に出張しました。まだ新幹線のない時代でしたから、京都から夜行列車に乗り、早朝、広島入りするのです。

本社からやって来た技術者ですから、通常は担当者が運転するクルマが用意され、後部座席にゆったりと腰を落ち着けて工事現場に向かいます。しかし、私はそれが嫌で、クルマを借りて自らハンドルを握り、一人で現場入りしていました。そのほうが、気が楽だったからです。

会社の仕事を終えると、週2回、京都市内に初めてできたコンピュータ専門学校に通いました。これは自分への投資です。というのも、この頃になると大手企業が次々にコンピュータを導入し、

「やがてコンピュータは時代の花形になるな」

と予感されたからです。

当時、国産コンピューターメーカーの日立、富士通、三菱電機、沖電気などはIBMへの追従(互換機戦略)を重要視していました。日本電池は三菱系ですので、三菱電機『MELCOM

３８００』を導入していましたが、それもＩＢＭの互換機でした。

１年後、コンピュータ専門学校を修了した頃には『ＣＯＢＯＬ』や『ＦＯＲＴＲＡＮ』といった高級プログラム言語をある程度使えるようになっていました。

私は遅刻の常習犯でした。

当時は会社の独身寮に住んでいましたが、夜遅くまで明かりがついている部屋がけっこうありました。前述したように向上意欲にあふれる若手社員が多かった会社ですから、夜遅くまで勉強しているということ。私もコンピュータ関連を中心に勉強し、気が付けば夜中の2時、３時ということも珍しくありません。そして、朝は相変わらず近くの公園で野球の練習をしたり、土日には草野球の試合を楽しんだうえに、夜更かしをしているわけですから、どうしても8時の始業に間に合わないのです。

30分までの遅刻は「A遅刻」。30分から4時間までの遅刻は「B遅刻」。Aが2回でB。Bが3回になると「欠勤1」。私はたびたび、出社しても欠勤扱いにされていました。

そんな私の様子を見ていた広島日本電池の取締役販売部長・中村睦彦氏が、

「君は、日本電池に長く居そうなタイプではないな」

そう、予言したのを覚えています。私の中に「型破りの社員像」を見たのでしょうか？
そして、その予言はやがて現実のものとなるのです。

知識は、フィールドワークによって磨かれる

当時、導入していた三菱電機の『MELCOM3800』を主に使用していたのは、会社の人事や経理部門で、出勤状況や給与計算などに活用していました。たとえば給与計算。現在のような銀行振り込みではなく、1円の単位まで封筒に入れて現金で手渡しされていた時代ですから、1000円札を何枚、100円玉を何枚と給与計算するに当たり、コンピュータを活用していたわけです。その他、売上伝票の処理に使い、それを会社全体の損益計算書につなげ、さらには月次の決算、そして各種事業部の決算……、そのあたりまでコンピュータの活用の範囲は広がっているという段階でした。

もっとも、ゴルフ場や野球場といった現場でナイター照明設置の仕事をしている私たち技術屋にしてみれば、当時のコンピュータはあくまでも本社機構に貢献するツールであり、身近な

存在ではありません。ただし、100名あまりいた同期の中には人事や経理部門に配属された者もいて、彼らとの会話を通じて本社機構におけるコンピュータという存在がおぼろげながら見えていたというのが正直なところです。特に社員寮で同じ釜の飯を食いながら生活していると、他のセクションの様子が見えてくるものなのです。

その時点では、日本電池におけるコンピュータという存在は、あくまでも決算、すなわち「財務会計」のためのものです。しかし、それだけではまさに宝の持ちぐされです。その先には「管理会計」、つまり「利益管理のための会計」、さらに言えばコンピュータの数字を使って経営を行っていくという世界が広がっているはずです。

実は、会社としてもそのあたりのことはよくわかっていて、経理部と人事部給与課で行われているコンピュータによる「会計業務」が、次なるステップとして「営業部門」の業務への活用へとまさに拡散されようとしているところでした。

ほどなく私たち技術屋は、照明設計業務のコンピュータ化を手がけることになりました。

6基の鉄塔が立っている野球場を例にとれば、各鉄塔には約100個のランプがついていて、6×100=600個あるランプは、白熱灯と水銀灯が半々という構成比になっています。照度でいえばピッチャーとキャッチャーのバッテリー間が最も明るくて、約2000ルクス。内野が1000ルクス、外野が500ルクス程度。おわかりのように、グラウンド内の照度は一定ではないのです。

所定の明るさにするために、600あるランプ（投光機）のすべての仰角と左右角を計算しなければならず、それを照明設計と呼びます。私たちは、従来は人の手で計算されていたその照明設計のコンピュータ化に取り組んだわけです。

当然、本社のコンピュータ室に出入りするようになります。

私もコンピュータの利用を通じて、コンピュータ室のSE（システムエンジニア）やプログラマといった職種の人たちと仲良くなり、おかげでコンピュータに関する多くの知識を得ることができました。そして、コンピュータで作成された会計資料が、本社機構や各事業部でどのように活用されているかを知ることができました。こうした体験を通じて、私の関心は「財務会計」から「管理会計」、つまり「もうけるための経営学」へと移っていったのでした。

いま振り返ってみれば、コンピュータ専門学校で得た知識が役に立ったことになります。また、学校で得た知識が実践の場で活用できたことにより、理解度が深くなったと思います。

知識はフィールドワークによってよりブラッシュアップされます。働きながら学ぶ。学びながら働く。この二足の草鞋は、時としてこうした好循環をもたらすということです。

その結果、私にはさらなる学問への関心が喚起されました。本格的に「経営学」の勉強をしたいと思ったのです。

立命館大学に再入学　師・西田博先生との出会い

1970年4月、私は経営学を学ぶため、再び立命館大学の門をくぐりました。今度は経営学部3回生への学士入学（編入学）。そこで、生涯を通じて師と仰ぐことになる西田博先生に出会ったのでした。

ちなみに1968年から1970年にかけては、全国どこの大学でも学生運動で、学園が荒れていた時代ですが、私が立命館に再入学した1970年4月頃は立て看板やデモ&集会といった余燼はくすぶっていたものの、学生運動自体は下火になっていました。

私が師と仰ぐことになる西田博先生は京都大学経済学部の出身で、野村證券に3年間勤務した後、京大大学院に入り直し、その後、学園紛争でかなり荒れているときに立命館大学に専任講師として着任され、デモやバリケード封鎖の洗礼を受けた方です。そして、ちょうど私が再び立命館の門をくぐった1970年4月、着任して3年目にして初めて学部の講義（経営分析論）とゼミ（会計学）を持ったという経歴の持ち主でした。

当時、私が26歳。先生は30歳をちょっと過ぎた新進気鋭の学者で、まだ独身。眼光鋭い野武士のような風貌の方でした。

最初のゼミの日、先生には、

「第3希望のゼミになりますが、それでもよろしいか？」

そう聞かれましたが、経営学に関してはまだ門外漢で、特にどのゼミにとこだわりがあったわけではない私には、異論があるはずもなく、

「はい、よろしくお願いします」

とお答えしたのを覚えています。

立命館大学の3回生への学士入学をするにあたり、提出した書類に「希望ゼミ」の欄がありましたが、第1希望と第2希望の欄には別のゼミの名前を記入し、西田先生のゼミは第3希望になっていたからです。第1希望、第2希望はとても人気があるゼミだったため、私は第3希望のゼミの一員になったということです。

先生としてはこちらの本気度を確認するために、「それでもよろしいか」と質問されただけ

であり、他意はなかったと思います。

西田先生のゼミは「会計学」でした。一言で言えば、損益計算書や貸借対照表などの財務諸表を作成する方法と財務諸表に記された数字の向こう側にある企業像を探るという学問です。

ちなみに、その西田先生の兄弟子に、京都大学教授の高寺貞男先生と九州大学教授の津守常弘先生がおられて、その後、私はこの御三方に教わることになるのですが、それぞれの特長を一言で形容すれば、西田先生は「ブルドーザー」のような人、高寺先生は「スポーツカー」を思わせるような人、そして津守先生は「戦車」のような人だというのが学生たちの評価でした。ブルドーザーもスポーツカーも戦車も、それぞれの学問に対する姿勢を形容したものです。

私が特にお世話になった西田先生の「ブルドーザー」ぶりは、たとえば次のような感じでした。

事実の積み重ねから新しいものが見えてくる

学者の仕事で大切なことは、過去の数々の学説を研究した後、独自の見解、すなわちオリジナルの理論を見出すことにありますが、そのオリジナルの理論というのは論理的で整合性のあるものでなくてはなりません。

それを実現するにあたり、２つの方法が考えられます。

一つは、過去の学者たちが研究して積み上げた多数の理論を十分理解したうえで、それとはまったく異なるオリジナルの理論を見出すという方法、つまり三段論法に代表される演繹法です。比喩的に言えば、ジグゾーパズルの絵のように、多数の理論を各種のピースに見立てて、それらを細密かつ論理的に組み合わせて一枚の絵画を完成させるとイメージすればわかりやすいでしょう。

もう一つは、いくつもの事実を積み重ねることにより、その事実の中から新たな理論を構築するという方法、つまり帰納法です。いくつもの事実を分析・解明することにより、オリジナルの理論を導き出すわけです。

西田先生は、事実を積み重ねることによってオリジナルの理論を構築される後者の方で、学生たちにはいつも、

「文献や資料を通じて事実を知ることを大切にしなさい！」

と、強調していました。

とにかく徹底的に「事実」を知るのです。

たとえば西田先生は、「アメリカの資産再評価実務」に関する論文を作成する際に、アメリカ企業をほぼ網羅している資料を利用して「事実」を発見しようとされました。

そのため、西田先生の先輩院生で、京都大学の大学院博士課程を出て九州大学に行かれた津守常弘先生の論文に強い影響を受けて、世界的に有名なアメリカの格付会社であるムーディーズが編集した厚さ10センチあまりの『ムーディーズ産業投資便覧』の1923年度版と1928年度版の2冊を用意して、それを1ページずつめくりながら貸借対照表をチェックされたのです。

なにしろ、厚さ10センチの本が2冊。つまり20センチの厚さがある『産業投資便覧』なのです。

それを1ページずつめくってチェックして、該当個所に付箋を付けるというのですから、私

は、気が遠くなりそうになったのを覚えています。おそらく1923年度版と1928年度版の2冊に決定するために、他の年度の便覧もチェックしておられたはずなので、その作業は想像を絶するものだったと思います。

このような緻密で手間のかかる作業をする研究者は、西田先生や津守先生を除けば、ほとんど存在しないと言えるでしょう。多くの場合、公表された論文や資料、書物に掲載された類似の数値や図表をそのまま引用して、自分の論文の「証拠」とするはずです。ところが西田先生は、そんな姿勢を潔しとしなかったということです。

「事実というのは、他人が調べたから事実なのではなく、自分が調べたから事実なのである！」

それが西田先生のこだわりの理念、美学とも言えるでしょう。

西田先生は何昼夜もかけて分厚いムーディーズの『産業投資便覧』をチェックされたわけですが、その「事実」を基礎として、新しい理論の構築がはじまるわけです。そして、西田先生は次の言葉を私たち学生たちに投げかけたのでした。

「事実を積み重ねることにより、新しいものが見えてきます。それが社会科学の最も大切なところです」

しつこく文献や資料の収集と分析を繰り返して「事実」を積み重ねる西田先生の歩いた後には、ぺんぺん草も生えていない。１本のぺんぺん草にさえ、検証がほどこされているからです。だから西田先生は、

「ブルドーザーのような人だ！」

と、形容されたわけです。

こうした体験を通じて、私は学者としての西田先生の真摯な姿勢と人柄に敬服し、強く惹かれていったのでした。

学者というのは、自分の存在を認めてもらうためには自分の居場所、つまりオリジナルの研究領域を探さなければならないのですが、過去、先人たちが数ある研究領域に歩を踏み入れ、中にはその領域を極めた方もいらっしゃいます。そうした研究のほとんどは難攻不落です。

しかし、先人たちが極めたとされる研究領域も、よくよく調べてみると濃淡の差があります。厚いところと薄いところがある。その差を感じ取るためにも、西田先生の言う「事実」に拘ることが求められるのです。

事実の検証を繰り返すことにより、ある日突然、すっぽりと空いている隙間が見えて来て、

そこから一条の光が差し込んでくることがあります。開かずの扉の傍らに、小さな通用門が見えてくることがあるということです。

ビジネスマンの世界も同じではないでしょうか?

たとえば、ビジネス上のターゲットとするスポンサーはすでにライバルである大手企業が押さえていて、中小企業のスタッフの一人であるあなたは、入り込む余地がないと思われる。実際、何度ぶつかっていっても、頑丈な門に跳ね返されてしまったとします。

そこで、一度立ち止まってライバルである大手企業の営業のノウハウや実績をじっくり「検証」してみることです。その際、ぺんぺん草の1本も見逃さないことが大切です。すると、そこに攻略のチャンスが見えてくることがあります。開かずの扉の傍らに通用門が見えることがあるということです。

いまは、中小零細企業と形容される存在であっても、いくつもの通用門をこじ開けることによって大企業へと飛躍して行ける時代だと確信しています。

熱い議論。もつれると「仕訳はどうなるのだ！」

西田先生の「経営分析論」の講義は、一言も聞きもらすことのないように、全神経を集中させてノートをとりました。席は、いつも大教室の前から3列目。後ろの席だと学生たちが雑談しているので集中できないし、かといって最前列だと先生の顔や仕草がよく見えないからです。

ゼミでは、最初の数ヵ月は苦戦しました。

そこに集まっている学生たちの多くは税理士や公認会計士志願で、会計学に関してはすでに相当の知識を備えていました。一方の私は電気系の技術者上がりで、しかもまっすぐに大学に入ったわけではないので、彼らに比べるとおよそ6年間のブランクがあります。

私より4〜6歳も若いゼミ生と西田先生との間で交わされる、「カリカタ」「カシカタ」「シサン」「フサイ」「シホン」「バランスシート」「ソンエキケイサンショ」などという会計用語が、私の頭上を飛び交いました。私にしてみれば、まるで外国語の世界。チンプンカンプンの空中戦です。

悔しい！

会話に加わりたい！

そして、会話に加わろうと思ったら、勉強するしかありません。

その年の夏休みには、日本電池の社員寮の自室で、会計学を集中的に勉強しました。もちろん、日本電池の社員としての日常業務をこなしながらです。

西田先生から夏休みの課題として課せられたのは、後期に教材として取り上げる予定である黒澤清教授（横浜国立大学）の『近代会計学』（春秋社）という著書でした。寮の一室で、会計学の大御所が著したこの書物を徹底的に読み込んだものです。

いまも実践していることですが、私は本を読み込むときにはその要点をノートに記します。それは誰でもやっていることだと思いますが、私の場合はその際、疑問点や自分の意見などを各要点の傍らにメモしておき、その部分は傍線で囲んでおきます。場合によっては、赤いボールペンで傍線を描いておきます。

西田先生仕込みの手法ですが、この方法を用いると、本の内容を理解しながら、新しいアイディアが湧いてくることがあります。また、試験の直前などに、自分のメモだけを読み返せば、仕入れた知識の再確認ができます。さらに言えば、後でノートを読み返すとき、時間がなければ、囲まれた自分のメモを読み返すだけで要点がよみがえってくるはずです。

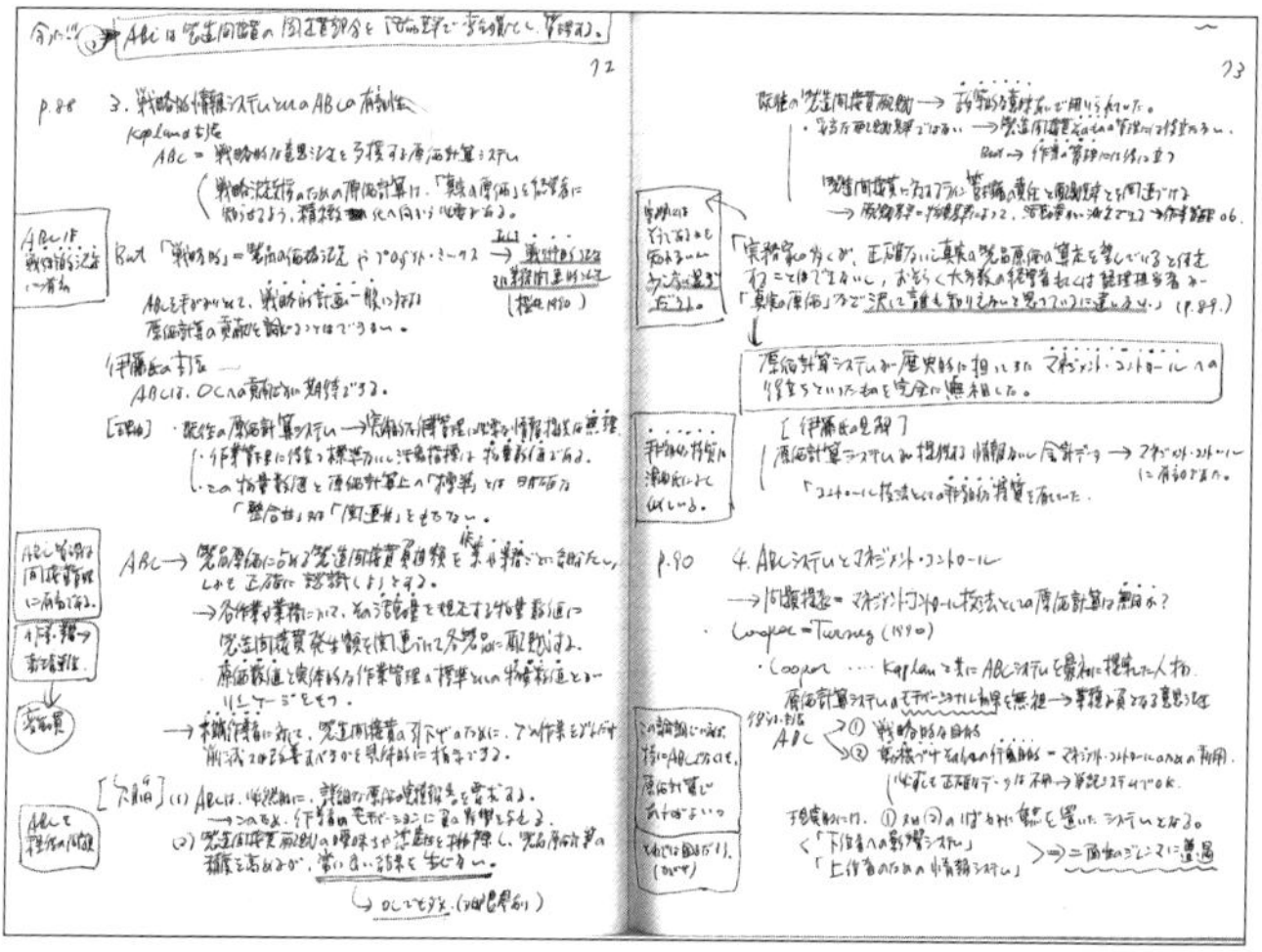

筆者の研究ノート。

『近代会計学』という著書を読み込んだおかげで、会計用語も次々に工学系頭脳にインプットされ、夏休みが過ぎて後期を迎えた頃には多少なりとも文系頭脳に進化していて、ゼミ生との議論にもなんとか参加できるようになっていました。私の屁理屈に端を発して議論がもつれてくると、ゼミ生たちは決まって、

「仕訳はどうなるんだ！」

と熱く叫んでいたのを懐かしく思い出します。要するに、まだ仕訳を十分に理解していない私の欠点に向けて「結局、なにが言いたいのだ！」と猛反撃されたという意味です。

『刻苦勉励《こっくべんれい》』という用語もあるように、勉強という言葉にはどこか「つらい」「苦しい」「我慢」といった負のイメージがつきまといます。しかし、勉強には必ず報酬がもたらされます。私の場合は、経営学（会計学）を勉強することにより ゼミ生たちの議論に加わることができるようになったこと以外に、『日本経済新聞』を抵抗なく読めるようになったという思いがけない報酬がもたらされたのでした。

日本電池の寮には、その他の一般紙とともに『日本経済新聞』が置いてあり、ときどき手に取って読もうとするのですが、書いている内容が何のことやらわからなかったというのが正直なところでした。特に決算時期になると、「アラリ」「ケイツネ」「ゾウシュウゾウエキ」「フンショク」「サイムチョウカ」など、さまざまな会計用語がちりばめられていて、それがわからないから記事の文脈がつながらない。ところが、会計学を学んだことにより、その内容が理解できるようになったのです。

同時に、勤務している日本電池という企業の仕組みもだんだん見えるようになってきました。私が所属していた照明事業部という枠を超えて、他の事業部が見渡せるようになり、さらにいえば、十分ではないとしても、会社全体を俯瞰できるようになってきました。これはまさに「管理会計」の世界です。

いくつになっても、やはり勉強は必要です。学べば学んだ分だけ、新しい世界が広がります。だから、勉強は楽しいのです。

喫茶店とうどん屋で西田先生の課外授業

その人物が自分にとって「ＩＮ」に属するか、「ＯＵＴ」に属するかを「相性」と表現します。相性がいい人というのは、いうまでもなく、自分にとって「ＩＮ」に属する人だということになりますが、これは小中学生の時代からすでに萌芽が見受けられることではないでしょうか？たとえば国語の先生と相性が良かったから、自分も国語が好きになった。美術の先生と妙にウマが合ったから、絵を描くのが大好きになった……、友人と話していても、これらはよく耳にするエピソードです。

ビジネスマンの世界も同様です。

数ある上司の中に相性のいい上司、つまり自分にとって「ＩＮ」に属する上司というのが必ずいます。そして「ＩＮ」に属するということは、その人物のどこかに敬服&尊敬できるところがある、平たく言えば惹かれるところがあるということに他なりません。

私の場合は西田博先生がそうでした。

学問に対する姿勢に敬服と尊敬を感じ、講義のときには一言も聞き逃さないようにと全神経を集中しましたし、ノートの取り方も真似をしました。もしかしたら、知らぬ間にその仕草を真似していたかもしれません。

ゼミの帰りは、いつも西田先生といっしょです。最初の頃は他のゼミ生といっしょでしたが、いつしか先生と二人で帰路につくようになっていました。

途中、ネオンのちらつく京都・四条河原町で下車します。すると先生は、

「おい、上總、うどん屋にするか？　喫茶店にするか？」

と、声をかけてくれます。そして、うどん屋や喫茶店の片隅で一人だけの課外授業を受けたのです。

先生のご専門は、実は1920年代のアメリカの財務会計実務に関する研究でしたから、ノートにチャートを描きながら、ときには口角泡を飛ばすようにして語気を強め、その蘊蓄《うんちく》を披露してくれたものです。それは、大学での「経営分析論」の講義やゼミの場では耳にしたことのない刺激的な内容でした。二足の草鞋を履いている私が珍しかったのか、特別課外授業を施してくれるほどに目をかけてくださったということです。酒場に行くことはありませんでしたが、うどんの出し汁やコーヒーで酔いを感じるほどに濃密な時間でした。

先生と私は7歳違い。師と教え子の関係ではありますが、そんな日々を続けていると、先生の中に「兄」を感じることがありました。前述した「IN」「OUT」の論理でいけば、先生は私にとって間違いなく「IN」に属する人物だったということ。表現を変えればどこまでもついていきたいと思わせる人だったということです。

尊敬する西田先生の話をより深く理解するために、私は経営学、会計学はもちろん、経済学の分野にも範囲を広げて、必死に勉強しました。特別に目をかけていただくということは、「期待を裏切れないぞ！」という前向きのエネルギーを生むものです。

おかげで3回生の期末試験は想像を超える出来栄えで、このとき、私は大学院に進学したいと思ったのでした。

大学院進学の意思を固めた西田ゼミの土日合宿

4回生になった初冬のある日、西田先生が、

「おい、上總、来週の土曜、日曜、時間あるか？」

そんな感じで声をかけて来ました。

先生のお誘いなら、万難を排してでも応じるしかありません。それは、

「京都向日町の光明寺というお寺で、一部のゼミ学生の合宿がある。おまえ、土日が空いているなら、その合宿に参加せい！　そこで、彼らにおまえの論文の報告をせい！」

というものでした。

当時、私はまさに卒業論文を作成している最中でした。それを読んだ西田先生は、「なかなかよくできた論文だ」と判断してくださったのでしょう。一部のゼミ学生たちの前で披露しろということなのです。

私は夜間、つまり二部の学生ですが、西田ゼミの中核を成しているのは当然一部の学生です。先生のお誘いには、彼らの合宿に参加して、自分の学力がどの程度のものなのか、自己診断してきなさいという思いがあったのだと思います。

お誘いに乗ったものの、私はやはり身構えてしまいました。というのも、一部の学生というのは勉強に専念することを許された立場のわけですから、ハンディキャップを背負った夜間の学生より、知識量も洞察力も当然上のはずです。要するに、私たち夜間部の学生からすると、一部の学生というのはまぶしい存在だったわけです。

私は肩に力を入れて、向日町のお寺で開催される西田ゼミの合宿に参加したはずです。

そして、西田先生に命じられた通りに、一部のゼミ学生の前で卒業論文の発表をしたのでした。

発表後、ゼミ学生と若干のやり取りがありましたが、それを通じて、私は肩の力がス〜ッと抜け落ちていくのを感じました。端的に言えば、

「この発表でよかったのだ」

という印象です。

一部と二部の学生の間にはものすごい能力差があるに違いないと思っていたのですが、「レベルは変わらないな」と言うのがそのときの印象だったのです。

「オレも、互角に勝負できる！」

このとき私は、大学院進学の意思を固めました。

いま振り返ってみれば、西田先生は私に自信をつけさせるために、あえて私を向日町のお寺の合宿に行かせたのかもしれません。

ビジネスマンの世界では、どんな上司と出会うかによって自分の将来が決まるところがあり

ますが、これは学問の世界でも同じです。西田先生との出会いによって、私の前に広がるロードマップが、おぼろげながらも見えて来たといえるでしょう。

コラム②

日本電池 照明事業部

入社3ヵ月で、新設された照明事業部への配属が決まりました。

日本電池は、「日本の発明王」と形容された島津源蔵氏が創業した島津製作所から、鉛蓄電池を製造する会社として1917年に設立され、島津源蔵氏が発明した「易反応性鉛粉製造法」を使って自動車用蓄電池の量産に成功した会社で、地元の京都では島津製作所と同様に知名度の高い上場企業です。

蓄電池は、充電しないと使用できませんが、充電する機器のことを充電器と呼んでいます。充電器は当初、水銀整流器を使用していましたが、その後、セレン整流器からシリコン整流器へと発展しました。

水銀整流器はガラス容器に封入した水銀と炭素電極間のアーク放電で整流を行う整流器であり、皆さんよくご存じの水銀灯は、このアーク放電を照明に利用して「電灯」として改良・製品化したものです。

日本電池は水銀整流器のガラス加工技術に独自のノウハウを持っていたため、これを「水銀灯」の生産に応用しました。

１９６０年代に入り、高度経済成長時代がスタートし、高速道路の建設と相まって自動車時代の到来が予想されました。日本電池は主力事業の自動車用電池を強化・拡充するだけではなく、高速道路のインターチェンジ、トンネル、ガソリンスタンドなどの道路照明、さらには野球場、ゴルフ場、スキー場、テニスコートなどのカクテル光線によるナイター照明、さらには一般工場などの需要を見込んで、照明事業部を立ち上げたのでした。

第3章

おい、やばいで!
なんとかせえよ!

やばいで！なんとかせえよ！

立命館大学の大学院に入るためには、それなりの勉強をしなければなりません。しかし、一方で日本電池の社員をしているわけですから、勉強に回せる時間には限りがあります。なにせ、立命館の講義が終了するのは午後の9時50分。会社の独身寮に戻ると、時計の針は午後11時を回っています。夜食として寮の夕食をかき込み、風呂から上がるとたいていは午前0時過ぎ。それから勉強していれば睡眠時間がなくなる。眠ってしまえば、もちろん勉強はできない。勉強か睡眠かの二者択一。どちらかを選ばなくてはなりません。そこには内なる葛藤があるわけですが、ぎりぎりのところで踏ん張りました。やはり「大学院に行きたい！」という熱情が勝ったようで、夜明けまで勉強することが多くなったのでした。

おかげで、有給休暇を使い果たした後はまたまた遅刻の常習犯。会社にしてみれば問題児だったと思います。

中でも、入社以来の上司だった田中千秋課長（後の代表取締役社長）と大和勝工場長にはずいぶん迷惑をおかけしました。

特に大和工場長には、顔を合わせるたびに、

「おい。やばいで、なんとかせえよ」

と、声をかけられました。

ただし、それは叱責というよりも、激励を感じさせる口調だったと思います。言葉の背後に、「おまえが勉強を頑張っているのはよくわかっている。しかし、オレは勤務評定をしなければならない立場だ。朝きちんと来て、４時まで職場にいるのなら勤務評定のしようがある。下駄を履かせてやることもできよう。しかし、なんぼ頑張っていても、遅刻するわ、欠勤するわじゃ点数をやれん。オレの立場もわかってくれ」

そんな思いが込められていたはずです。

その大和工場長自身、京都大学大学院出身の照明工学の専門家です。英語がペラペラ、ロシア語とオランダ語も解する方でした。勤務時間中に大卒の社員を中心とした勉強会を主催していたような学者肌の人物です。勉強会に出席した私に、

「ロシア語の文献があるぞ。オランダ語のもある。そうだ、上總、おまえも英語なら読めるだろ。これを読むといい」

そんな感じで英語の文献を手渡されたりもしました。

いま考えると、勤務時間中に勉強会を開催するとは、会社にはずいぶんゆとりがあったのだなあと思います。実際、日本電池には勢いがあり、平たく言えばもうかっていた時代だったのです。特にナイター照明には欠かせない水銀灯の扱い高に関しては日本国内では、岩崎電気、松下電工に次いで第3位にランクされるような存在でした。

高速道路のインターチェンジ照明で地上の照度分布を測定する場合でも、本来なら実験室でもやれるはずですが、日本電池ではわざわざコストをかけて実験道路を作り、照度分布の測定を行っていました。その作業は、太陽光の影響を受けない日没過ぎから早朝にかけて行うわけです。通称「夜の商売」と称して、一晩中、夜空の月と星とお友達になりながら路面の照度を測定し、夜明け頃に会社近くの独身寮に「朝帰り」したものでした。のどかといえばのどかな時代でした。

入社以来の上司で、公私ともにいろいろとご指導いただいた前述の田中千秋課長も京都大学工学部照明工学の出身で、その分野では権威ある人でした。筋肉質でスマートなスポーツマンで、テニスが上手。後述するように、私が結婚する際には仲人をつとめていただきました。

おわかりのように、日本電池の社員としても、私は恵まれた環境下にあったのですが、やはり立命館大学大学院への思いは絶ちがたく、1971年12月28日、大学院進学準備のため、9

年9ヵ月にわたって勤務した会社を依願退職したのでした。

あれは小雨降る寒い日でした。

「一身上の都合により……」という型通りの文面をしたためた退職届を上司に提出した後で、人事課の村上晨一郎氏（後の日本電池社長）に挨拶に伺いました。この方もやはり京大の経済学部の出身で、まだ独り身のときには、私と同じ社員寮に住んでいて、朝飯や晩飯をいっしょに食べた間柄です。私が大学院進学のために退職の意思を固めていたことを薄々は察していたようで、退職の挨拶をすると、

「そうか……。失敗したら戻って来いよ」

そんな一言を投げかけてくれました。

思わず、

「エッ!? 戻って来い？ そんな前例があるんですか？」

思わず問いかけると、

「ある、ある、なんぼでもある」

笑みを浮かべながら、励ましてくれたものです。

こうして、日本電池を円満退職。私の人生の中でも最大のターニングポイントでした。

不自由さを味わってこそ自由の貴重さを実感できる！

12月28日、辞表を提出した日の夜、大学で卒業論文の指導をしてくれていた西田先生に、「会社に辞表を出してきました」と告げると、先生は、一瞬絶句した後、

「辞表？　お、おまえ、生活はどうするんや！　いまから会社に戻って、辞表を撤回して来い！」

驚かれた様子でそう言われたのを覚えています。

たしかに会社を辞めたからには会社の寮を出なくてはなりません。そうすると、衣食住の「衣」はともかくとして、「食」と「住」の保証がなくなり、自分でなんとかしなくてはならなくなります。

幸いにも、会社の1年後輩の津森祐介という男が、早いうちから京都の宇治市内に一軒家を購入して一人で住んでいたので、その家の空き部屋に転がり込みました。津森君の家には実はもう一人、後から転がり込んできた男がいます。上野勝治という一年後輩で、私の後を追うよ

うにして日本電池を辞めたのですが、なかなか良くできた奴で、その後、一級建築士になりました。今は、京都府下の舞鶴市で建築事務所を開業しています。食費は、日本電池時代の蓄えがありましたし、もともと「食」にさほどお金をかけるタイプではありません。

しかしその種の杞憂は当時の私にしてみれば些事に過ぎないわけで、とにかく「24時間を誰にはばかることなく勉強に費やせる」という自由を獲得できたことが大きかった。通常の学生生活を送った方にはおよそ実感できないかもしれませんが、10年間にわたって勤めながら学ぶという制約の中で生活してきた勤労学生にとっての開放感は格別のものです。そう！　人は誰も、不自由さを体験してみて、初めて自由の貴重さを実感できるものなのです。

話がやや横道にそれますが、以下に紹介するのは私が名古屋にある名城大学の教授をしていた頃のエピソードです。

私のゼミでは、毎年夏、長野県の蓼科高原や斑尾高原で合宿をしました。

合宿では毎回会計学の分厚い著書を1冊持参して、学生たちはそれを輪読します。

「とにかくこの1冊をみんなで読みこなしなさい。読んだ後なら自由にしていいぞ」

私は学生たちに、遊びもいいけれど、すべては著書を読みこなしてからという枷、すなわち不自由さを課したわけです。

この合宿は女子大とセット、つまり女子大との共同合宿でしたから、女子大生たちが私のゼミ生といっしょに遊びたくて、

「まだ、終わらないの！」

彼らが本を読んでいる部屋のドアをドン、ドンとノックします。学生たちはすぐにでも飛び出したくて腰を浮かせる。そこをぐっと我慢！　私にも彼らの気持ちが手に取るようにわかります。そこで私は、おもむろに命じるわけです。

「どういう方法をとろうとかまわない。しかし、女子大生と遊ぶのは、著書の輪読がすべて終わってからでなくてはならない」

それでも、女子大生たちはドアをドン、ドンとノックします。

学生たちを束ねるゼミ長には真面目な男を任命していますから、彼がドアの向こうにいる女子大生に怒鳴るわけです。

「うるさい！」

しかし、しばらくすると、また、催促のドンドン！

「うるさい！」

その攻防戦です。

こうして、初日は朝の9時頃から夜の10時頃まで、学生たちは部屋に籠もりきりで著書の輪読に精を出して、ついに輪読終了。晩飯を食べると、そのままバタンキュー！

翌朝、晴れて自由の身となったゼミ生たちに、私は、

「それ行け！」

と、ハッパをかけます。

そのときの学生たちのダッシュのものすごい勢いと、キラキラした表情はいまだに忘れられません。


自由は不自由さの後についてくる！

飽食の時代の若者たちは、どこかで不自由な思いを体験すべきです。

いや、これは定年後の年金生活を送っているシニア層の皆さんにも言えることかもしれません。毎日が日曜日という自由な身になると、かえって何をしていいのかわからなくて、結局はテレビの前でゴロゴロ。女房に粗大ごみ扱いされるようでは、健康のためにもよくありません。

社会貢献でもいいし、ＮＰＯ団体のお手伝いでも、畑仕事でもいい。あるいは、あえてアル

バイトをして月に1万円、2万円だけでも稼ぐというノルマを自分に課してもいいと思います。とにかく、自分に対して枷をはめる時間を持つ。自由にならない時間を自分に課すことによって、初めて自由の尊さを実感できるものだと思います。

知識はおいしい！
満腹感を覚えるまで詰め込んだ3ヵ月

私が宮津高等学校を卒業し、日本電池に就職してしばらくたった頃には、高度成長の恩恵を受けて、紋紙屋をしていた野田川町の上總家にも多少のゆとりが生まれ、盆と正月には新築した我が家に帰郷していました。帰郷すれば、母親がぼたもちやバラ寿司で迎えてくれます。夏休みに、同じ西田ゼミの学生だった関戸安夫君や野田弘之君を誘って野田川町の実家に泊まり、海水浴に出かけたこともありました。

しかし、日本電池を退職した1971年の冬は正月どころではありません。

失敗は許されない！

自ら背水の陣を敷いたわけですから、転がり込んだ宇治市内の友人の家の一室で、机にかじりつくようにして正月を過ごしました。勉強すればするほど知識が身についてくる。知識はおいしいと感じ、満腹感を覚えるまで詰め込みました。

こうして3ヵ月後の1972年3月には、立命館大学経営学部を無事に卒業。間髪を容れず、卒業式の1週間後には大学院の入学試験です。3ヵ月間、寝食を忘れるようにして勉学に励みましたから、不安はありません。案の定、3月28日付けで届いた一通の手紙には『合格』と記されていました。そのとき、私はすでに28歳。日本電池時代の同期の多くは結婚していて、一児か二児のパパになっていました。

修士課程を過ごした大阪経済大学大学院

大学院には修士課程と博士課程とがあります。

修士課程と言うのは、いわば博士課程の前期であり、2年間の課程を終えて修士論文の審査に合格すれば、「修士：マスター」の称号を得ることができます。その流れでいけば、一般に博士課程というのは、いわゆる博士課程の後期のことで、3年間の課程を終えて博士論文の審査に合格すれば、晴れて「博士：ドクター」の称号を与えられることになります。

私は立命館大学を卒業後、大阪経済大学の大学院を選びました。正確に言えば、1972年4月、大阪経済大学大学院経済学研究科修士課程経済学専攻に入学したのでした。

当初は西田先生のいる立命館大学で修士課程を過ごす心づもりだったのですが、当時の立命館には大学紛争の後遺症が残っていて、学内にいろいろな問題を抱えていたため、西田先生から、

「いまの立命館ではじっくり勉強できそうにない」

と聞いていたので、いくつかの大学の資料を取り寄せて検討した結果、当時、経済学の単科大学として評価が高かった大阪経済大学の大学院に入学することにしました。

大阪経済大学では、会計学の分野では高名な北里武三先生の門下生となる予定だったのですが、折悪く、北里先生が体調を崩して入院されていたため、元立命館大学経営学部教授で、当時は名古屋にある名城大学商学部に勤務されていた堀江義廣先生の教えを乞うことになりました。住まいも、宇治にあった友人宅を出て、阪急京都線沿線の総持寺駅の近くにある木造アパートの一室を借り受けました。

思えば、修士課程の2年間は猛烈に勉強した時代です。

なにしろ24時間すべてを誰に拘束されることなく、完全に自分の時間として使うことができます。日本電池時代の蓄えと奨学金が頼りですから懐具合は寂しかったけれども、充実した日々でした。

会計学や経営学に関する基礎的文献を片っ端から読破し、大阪経済大学の図書館に入り浸っていました。所蔵図書が充実した図書館でしたが、中でも目に付いたのは大阪経済大学を経て九州大学の教授を務めていた管理会計学者・西村明先生が大学に依頼して購入させた経営学や会計学関連の著書です。読みたいと思って手に取り、「いままでどんな人が読んでいるのかな」と図書館カードを見ると、どの本のカードにも「ニシムラアキラ」「ニシムラアキラ」という名前が記されていました。私が修士課程を過ごした時代には、すでに九州大学に移った後でしたが、本を通じて西村明先生の研究の一端に触れる気がして、それらの本をいつくしみながら読破したものです。

古本屋にもよく通いました。

当時、私は大阪駅前や心斎橋のたもとに2～3軒あった古本屋に出入りしていたのですが、平積みしている本の中でもなるべく新品に近いものをと、下の方から取ろうとすると、老店主から、「本はもっと大切に扱え！」と叱られました。あの時代は各地に古本屋があり、どこにも本に精通した名物おやじがいたものです。

阪急総持寺駅の隣駅には西田先生のお住まいがあったものですから、修士課程に入って1ヵ月に1回程度、夏休みには1週間に1回、顔を出して英語の特訓を受けていました。通常は、夜を徹して勉強し、朝刊を読んでから簡単な朝食を済ませて、電車で1時間ほど揺られて大阪経済大学に向かい、講義を受け、夜は関連書を朝まで読むという日々。睡眠時間は3〜5時間だったでしょうか。

書物を通じて事実を知り、学説を学びつつ、また未知の世界へと入っていく楽しさは格別でした。けれども3ヵ月もたたないうちに、視力は1・2から0・3まで悪化していました。楽しいと思える行為は、なんらかの代償を伴うものです。

修士論文は『アメリカ合衆国における直接原価計算の生成に関する一考察』と題したものでした。

鉛筆をわしづかみにして書いた修士論文

私の９歳年下に妹の美佐子がいます。

小学校の教諭を務め、校長にまでなって最近退職しましたが、私が修士課程の論文にとりかかった頃は、阪神地区のある大学に通っていました。

その妹が私の修士論文の清書を引き受けてくれました。

論文のタイトルは、前述したように『アメリカ合衆国における直接原価計算の生成に関する一考察』というものです。ベースになったのは１９３６年1月15日、つまり世界大恐慌の数年後に発表されたアメリカの某ケミカル会社の売上高と利益の関係に関する論文です。この会社は、売上高が上がっていたのにもかかわらず、利益が下がっていました。通常は売上高が上がれば利益も上がるはずなのに、どうしてそんなことになったのか？ 素朴な疑問を感じ、その原因を、直接原価計算（製品の製造費を固定費と変動費に分類し、変動費だけを製造原価とする計算方法）に関して考察した論文です。

修士課程の1年目は論文の資料調べ。実際にとりかかったのは2年になってからですが、当時は日本語ワープロがなく、４００字詰め原稿用紙に、３ヵ月ほどかけて２００枚以上の論文を書き上げました。厚さにして４センチほどもあります。

しかし、最後は手が動かなくなり、鉛筆をわしづかみにして書いたものですから、字がぐちゃぐちゃ。これでは、審査する教授は判読できません。しかし、読んでもらわなければ修士課程を修了できないのです。

多大なエネルギーを消耗するため、1本の修士論文をこなそうとすると、多くの学生はたびたび発熱してしまいます。私の後輩の一人は、発熱どころか一時的な錯乱状態に陥り、書き溜めていた論文を燃やしてしまったほどです。

当時の常識としては、後輩に清書を手伝ってもらっていました。3～4人の後輩に頼んだ場合、200枚程度の論文で1人約50枚の計算です。しかし、この手法だと、ページによって筆跡が異なり、あまり気分のいいものではありません。そこで私は妹に清書をお願いしたわけです。

この修士論文には表紙をつけていまも大切に保管しています。ときには取り出して往時を懐かしむのですが、いうまでもなくそこに並んでいるのは女文字の肉筆です。いま考えると、兄の頼みだとはいえ、よくぞ引き受けてくれたものだと感謝しています。

それにしても、学者というのは論文を仕上げる過程で精神力が鍛えられます。同時に体力も鍛えられます。裏を返せば、心身に力がなければ学者にはなれないということでもあります。だから、学者には図々しい輩が多いのでしょうか……。

おかげで修士論文の審査は無事に合格したのですが、北里武三先生の御病気が長引いていることに加えて、大阪経済大学の博士課程には会計学の講座がないこともあり、大阪経済大学は修士課程だけで終えることになりました。

コラム③

「カクテル照明」の秘密

照明事業部照明技術課では上司の田中千秋課長と大和勝部長によって、照明の一から手ほどきを受けました。

主たる仕事は、一般道路、高速道路、トンネル、野球場、工場などの照明設計でした。床面での目標平均照度を設定し、できるだけ均一に照明するために水銀灯のワット数、高さ、配列などを決定し、図面を描くのですが、中でも野球場の照明設計は圧巻です。野球場には、通常高さ50メートルほどの6基の鉄塔が配置されていて、1基当たり約100灯の電灯が設置されていました。それまでは主に白熱電球が使用されていたのですが、照明効率が悪く、ナイターのテレビ中継を実現させるためには、高い照度(バッテリー間で2000ルクス、内野で1000ルクス)を必要としました。しかも白熱電球は設備費も電気代も高価なのです。

そこで、照明効率の良い水銀灯に白羽の矢が立てられたのですが、水銀灯には一つだけ欠点がありました。水銀灯で照明した場合、野球ボールが高速で飛ぶと、ボールが見え隠れする「フリッカー現象」が発生するのです。一方、白熱電球ではこれが発生しません。そこでナイター照明に関しては白熱電球50%、水銀灯50%という配合で照明を行うことになりました。これを、お酒の「カクテル」にちなんで「カクテル照明」と呼んだのでした。いま、テレビ中継で、アナウンサーが、

「カクテル光線に照らされた観客席が……」

などと実況していますが、おわかりのようにその語源はお酒の「カクテル」にあるのです。

カクテル照明を実現するためには、600台もの灯光機の1台1台について設置する場所と高さ、上下左右の角度を計算しなくてはなりません。後には電子計算機で計算することになるのですが、当時は計算尺と大型電卓を駆使して大奮闘したものです。

名古屋の中日球場では600台の灯光機の基本特性を備えるために、50メートルほど離れた場所で照度を測定しながら、反射鏡内部にセットした電球の焦点距離をドライバーで調整しました。調整した灯光機を鉄塔上部に吊り上げて設置し、鉄塔の高さ50メートル、スタンドの高さがあるので、実際には80メートルの高所で設計図に基づいた上下左右の角度を調整したものです。高所恐

1963年2月、中日球場にて照明灯の調整を行う田中千秋課長。

怖症でなくて幸いでした。

現在では、プロ野球の試合の多くはドーム球場で行われていますが、ドーム球場でもやはり同様の照明設計と設置後の上下左右の角度調整が行われています。

第4章

結婚式は117回目のデートだった!

論文は、死ぬまで自分の分身となる！

1974年4月、住まいもJR京都線の総持寺から立命館大学にほど近い嵐電（京福電鉄）沿いにある等持院の木造アパートに移し、大学院経営学研究科博士課程企業経営専攻に入学しました。三度《みたび》、立命館大学の門をくぐったことになります。

一度目は立命館大学二部理工学部基礎工学科、二度目は経営学部3回生への学士入学、そして三度目が大学院の博士課程です。大学院では、西田博先生の強い勧めもあり、『財務諸表新論』をはじめとして多くの研究書を上梓されている経営学部の河合信雄教授の門下生となりました。というのも、当時の西田先生はまだ助教授という立場だったため、河合教授の門下生ということにしていただき、実質的には西田先生に指導を仰いだのでした。

河合教授の一番弟子は松村勝弘助教授。二番弟子が当時博士課程2回生だった酒井治郎氏。そして、博士課程1回生の私が三番弟子です。つまり、教授の河合信雄先生と松村勝弘助教授、そして西田博助教授の3人がいわば指導教官で、酒井治郎氏と私のわずか2名が指導を受ける立場の大学院生という、なんとも豪華で贅沢な布陣で、おかげで私と酒井氏は御三方から骨の髄までしぼられました。

河合先生は、院生の理解が不十分であったり、間違っている場合には、決まって、

「ペケー」

と叱責されました。何回「ペケー」を聞いたか覚えていません。

2年後には酒井氏は博士課程を満期退学して立命館大学に助教授として残り（当時・立命館大学には講師という制度がない）、西田先生は私に、

「ええ論文、書けよ。論文は自分の子どもと同じで、死ぬまで連れて行かんといかんのやから」

そんな言葉を残して大阪市立大学商学部に転任されました。私が博士課程2回生の4月のことです。

一抹の寂しさは覚えましたが、困ったときにはいつでもご自宅にうかがえばいいわけですし、それに週に一度は非常勤講師として立命館に顔を出されます。その点、私は幸運でした。

西田先生が転任された後は、河合・松村・酒井の3氏が指導教官で、院生は実に私一人という体制。恵まれているとも言えますが、一方で、まったく息もつけない環境でした。

西田先生が大阪市立大学に転任した直後の4月、河合教授に、

「7月までに論文を書け！」

と、1本目の論文の執筆を命じられました。

7月の締切ということは、3ヵ月弱の期間しかありません。

論文のタイトルを「直接原価計算の生成とその機能」と決め、各種文献と首っ引きで、まさに悪戦苦闘の日々が続きました。しかし、締切日が目前に迫っているのに、原稿は遅々として進みません。週に一度、非常勤講師として立命館にお見えになる西田博先生を待ちわびるようにして、書きかけの原稿に目を通していただきました。すると、一読しただけで、

「これアカン！」

その一言だけで、突き返されてしまうのです。

そして、

「いいか、上總。どんな論文であっても、それは死ぬまでおまえの分身になるんや。水準に達しないものはアカン！」

そんな厳しい言葉を投げかけられ、何度も書き直しを命じられたのでした。

ところが、何度推敲をしても、

「アカン！　おまえの論文は論理が一貫していない」

突き返されてしまいます。

先生が鬼に見えました。

私には、西田先生のおっしゃる「論理が一貫していない」の意味がよくわからないし、どこがアカンのかもわからない。まさにデッドロックに乗り上げたような日々が続きました。

忸怩たる思いのそんな私に投げかけられた極め付けは、河合先生の、

「赤い小便が出るまでやれ！」

という叱責でした。学問の厳しさをいやというほど叩き込まれた時代です。

歯ぎしりをしながら、あるいは自分で自分の頭をはたきながら、論文を推敲する。すると、夜がしらじらと明けてくる。「ああ、もう締切まで時間がない！　どうしたらいいんだ」と頭をかきむしる。自分の力量のなさを痛感！　そんな日々が続きました。あの時代、アパートの一室でどんな格好をしていて、いつ床屋に行って、どんな飯を食べていたのかさえよく覚えていません。

いまにして思えば、この厳しい修業時代が私を鍛え上げてくれたのでした。

数字の背後にいる「人」に視線を向ける！

立命館大学の博士課程で私が目指していたのは社会科学としての会計学です。ところが、私が何度も書き直しを命じられたのは、社会科学としての会計学ではなく、あくまでも「工学士」としての論文だったからでした。つまり、

「会計学というのは、あくまでも社会科学の一環である！」

その重大な事実に気付かないまま、論文を書き進めていたということです。

では、社会科学と工学とはいったいどこが違うのでしょうか？

その答えを見つけるのにずいぶん苦闘しました。端的に言えば、社会科学というのは前提に「人」が存在しているのです。社会科学の一環である会計学も、人と人との関係に計算がからんでいるということに過ぎません。

商売をすれば、売り上げが立ちます。売り上げが立つということは相手がいる。つまり売った人と買った人とがいるわけです。「会計」という行為を通じて発生した、その売った人と買

った人との関係性を常に意識しなくてはならない、それが社会科学の一環である会計学の真髄なのです。

ところが、私が長年親しんできた「工学」の分野は、あくまでも事象をAとBとの関係でとらえるわけで、人と人との関係もAとBとしてでしかとらえていません。私の論文は、あくまでも工学の視点から分析や考察されたものであり、そこに「人」がいなかった。つまり、血が通っていない論文だったというわけです。だから、西田先生には、「論理が一貫していない」、社会科学を強く意識して指導していただいた河合先生には、「おまえは計算だけしか見ていない」、「工学士の論文だ」と突き返されたわけです。

そこに「人」が介在しているか否か？

これは「財務会計」と「管理会計」の違いにも敷衍《ふえん》される考え方です。財務会計にも、もちろん人が関わっていますが、管理会計に比べると、その関係性がやや希薄に見えます。一方、管理会計では、人と人の関係が目の前に存在しています。

たとえば、ある企業の販売部が、予算の編成時に1億円の売上高を課せられたとします。その1億円を達成するため、販売部長に10人の販売部員を割り当てられた場合、会計上は部員1

人に付き1000万円の売り上げがあれば、ノルマは達成されることになります。しかし、現実には販売部員の能力に差があるわけで、一律に1人1000万円というわけにはいかない。各ことは計算通りには運ばないのが普通です。では、どうすればノルマを達成できるのか？　販売部員の能力に応じて、個々人のノルマを練り直さねばならないかもしれませんし、あるいは、販売部員のやる気を喚起させるためのノウハウが必要となるのかもしれません。そのように、一歩、二歩と踏み込んで、しかも全体を高所から俯瞰しながら考察するというのが管理会計の使命なのです。

工学部出身の私は、計算や差異分析は得意の分野でした。ところが、数字の背後にいる「人」に視線を向けることをしなかった。だから、何度書き直しをしても、論文を突き返されたわけです。

私は計算が大好きです。それをコンピュータに乗せるという作業も、のめり込むほどにおもしろい。しかしもっとおもしろいのは、コンピュータが弾き出した結果をどうコントロールのために利用するか、そして人はどう動くのかという「管理会計」の世界です。

もっとも、その重大な事実に気付いたのは、1本目の論文をなんとか書き終え、その後、2本目を書き終えた博士課程の終盤でした。

工学部出身の私の前には、会計学の鉄壁の門が立ちはだかっていました。何度ぶつかっていっても跳ね返されたものですが、赤い小便が出る寸前に、通用門が見えたということです。言い方を変えると、ぎりぎりのところにまで追い込まれて、初めて通用門が見えてくるということでもあります。本気で堅牢なる門にぶつかっていった者を、神は見放さないのかもしれません。

私の場合、通用門をこじあけるヒントとなったのは、西田先生の「論理が一貫していない」、河合先生の「おまえは計算だけしか見ていない」という言葉でした。「どういう意味だ？」と、何度も何度も自分に問いかけたものです。

117回目のデートでようやく結婚にこぎつけた二人

悪戦苦闘しながら1本目の論文を仕上げたわけですが、やがて将来を誓うことになる浅井弘子さんとお付き合いを始めたのは、その論文の執筆にとりかかる少し前のことでした。

日本電池時代の1年後輩に寺田三平という男がいたのですが、そいつの、

「おい、上總、飯食いに来いよ。ええ女がおるぞ」

そんな言葉に誘われて、寺田家に顔を出したら、そこにいたのが浅井弘子さんでした。寺田君の奥方・佳子さんの友人で、勤務していた日興証券をやめて、ぶらぶらしているということでしたが、

「えらい別嬪さんやなあ」

というのが第一印象でした。正直言って、私の一目惚れです。

さっそくデートをする間柄になりましたが、私はもともと女性との付き合いが上手ではありません。それに、彼女との付き合いが始まって間もなく、河合教授に1本目の論文の執筆を命じられましたから、時間的にも精神的にも余裕がありません。

デートといっても、彼女がときおり嵐電沿いにある等持院の木造アパートにやってきて、本を読み込んでいる私の邪魔にならないように気を遣いながら、灰皿を片付け、部屋の掃除をしてくれるくらい。ダウンタウンブギウギバンドが、テレビで「あんた、あの娘のなんなのさ」と歌っていた時代です。桂三枝（現・桂文枝）が『パンチDEデート』という番組で、「オヨヨ！」とギャグを飛ばしていた時代です。そんな世間のうわついた流行には背を向けるようにして、ときおり鴨川沿いを散歩して、芝生にひっくり返ったまま、「会計学がどうちゃらこうちゃら」

と言葉を交わす程度で、色っぽい話の一つもした記憶がありません。傍から見れば、まさに「あんた、あの娘のなんなのさ」と言われかねないような、まことに味気ないデートでした。いま振り返ると、そんな朴念仁の私を、彼女はよくぞ見捨てなかったものだと感謝しています。

ときおり、京都市右京区にある浅井家に顔を出しました。

そこには、お酒が大好きな父親の寿夫さんと料理上手な母親の春子さん、それになかなか男前の兄幸一さんと弟の佳典さんといっしょに夕食をいただきました。なにしろ論文の執筆に追われ、砂を噛むような日々を過ごしていた時代ですから、この浅井家の夕食は有難かった。栄養補給という面もさることながら、浅井家での夕食は心が安らぐ時間でした。また姉の嘉子さんの嫁ぎ先である小野準一さん宅にも時々お邪魔しました。お姉さんは、お母さんに負けないほどの料理の達人でした。小野さんがオーディオマニアでしたので、ご馳走になった後で、よく二人でオーディオ談義に花を咲かせました。身も心も温まるひとときでした。

そんな感じのデートではありますが、私と弘子さんにしてみれば、デートはデートです。不器用な私でも、「明日は彼女に会える」となれば、それなりに胸の高鳴りを覚えたものです。

夏休みに、私の丹後の実家に彼女を連れて帰ったことがあります。その承諾を義父、つまり彼女の父親に得ようとしたところ、珍しく厳しい表情を浮かべて、

「おまえは、どういうつもりでわしの娘と付き合ってるんだ？」

詰問の口調で問いかけるものですから、

「結婚します」

そう答えたところ、

「そうか、それなら行って来い！」

と、快諾してくれました。いま振り返ってみると、あれが私の実質的なプロポーズの言葉でした。それにしても、彼女のご両親は、まだ海のものとも山のものともわからない私立大学・立命館の大学院生であった私との結婚をよくぞ許してくれたものです。

彼女は、私とのデートの日々を日記帳に『正』の字で記録していました。その計算によると、日本電池時代の上司だった田中千秋氏の媒酌で結婚式を挙げた1975年11月16日は、彼女との117回目のデートの日でした。

新居は宇治市大久保にある府営住宅西大久保団地に構えました。

家の前のドブで顔あろうて来い！

博士課程３回生の春から、２本目の論文にとりかかりましたが、これもまた悪戦苦闘の日々でした。

この頃は、西田博先生の兄弟子で「スポーツカーのような人」と形容された京都大学教授の高寺貞男先生にも指導を仰ぐようになっていました。「スポーツカー」の由来は、「10年ほど先の研究を行う人」というほどの意味合いで、「おまえら、遅れてるぞ！」と言われないようにと、学生たちは神経を尖らせたものです。しかし、追いかけても追いかけても、高寺先生が運転するスポーツカーははるか先を走っていました。

高寺先生は外国の文献、それも誰も知らないような文献まで読み漁っていて、それらを上手に自分の論文に引用される方で、たとえば先生の代表作の一つである『会計政策と簿記の展開』（ミネルヴァ書房刊）では、引用の中に引用の引用が入っているという凄さです。

話し方はまるで機関銃のようにテンポが良くて、話し始めたら止まりません。ただし、紅茶を飲むときだけは話が止まるので、院生たちはその一瞬の紅茶ブレークを突いて質問をしたものでした。

当時の高寺研究室には、岡本博公氏（前・同志社大学商学部教授）、田井修司氏（前・立命館大学経営学部教授）、森川章氏（現・名城大学商学部教授）、谷口明丈氏（現・中央大学商学部教授）といった京都大学の大学院生が出入りしていたのですが、立命館の河合教授の配慮によって、彼らといっしょに高寺貞男教授の指導を受けていたわけです。

高寺先生に2本目の論文を見ていただいたのですが、そのとき受けた手厳しい叱責の言葉が忘れられません。あれは、一度目の助言を受けて、手直ししたつもりの原稿を再度ご自宅まで持参したときのことです。

丁寧に読んでいただいたのですが、前に指摘を受けていた箇所が修正されていないことに気付かれて、先生の怒りが沸騰し、

「何回言うてもわからんのですか！　僕の直接の弟子やったら、家の前のドブで顔をあろうて来いというところだよ！」

そんな言葉を投げつけられました。

ただし、一瞬、硬直した私の心を、

「言われているうちが花やで」

と、やわらかく解きほぐして下さったのも事実です。

必殺ミサイルの洗礼

ここで、西田博先生のもう一人の兄弟子である九州大学の津守常弘先生のことにも触れておきましょう。

もともとは立命館大学経営学部の教授でしたが、大学紛争の後、九州大学に転任されました。西田先生の紹介でこの津守先生が大分県の九重山で主催した九州大学会計学研究会の夏季合宿に参加させていただいたことがあります。

合宿には、津守先生を慕うお弟子さんが全国から参集するのですが、最初は10人ほどの規模の合宿だったのが、やがて内弟子と外弟子を含めて１００人ものスケールに拡大していきました。参加者の中から、何人もの著名な大学教授が巣立っています。

合宿の参加者は、ただ聞くだけではなく、全員、自分の研究成果を発表します。

津守先生は、それを黙って聞いているだけで、議論の途中ではまったく発言されません。そして最後に、ボソッと一言、言葉を発する。これがまさに正鵠を射たご指摘で、発表した者は皆、ミサイルを心臓に命中させられたような表情を浮かべたものです。

私にも必殺ミサイルが飛んできました。

「上總君、君の考え方はおかしい。三段論法でいくから覚悟せい」

「経済学と会計学は同じか、異なる学問か」

「異なります」

「何故異なるか」

「学問の対象が異なるからです」

「では経済学と会計学の対象はそれぞれ何か」

「経済学は資本の運動で、会計学は企業活動です……」

「資本の運動と企業活動は同じではないのか！」

「……………………」

「……………………」

核弾道ミサイルが命中した瞬間でした。

深手を負いましたが、あの九重山での指導を忘れたことはありません。

言葉数こそ少ないものの、まるで重戦車軍団が迫って来るような迫力だったため、院生たちは津守先生のことをひそかに「戦車」と形容していました。

学問に対しては、論理的思考を積み上げたうえで自分のオリジナリティを出すというスタンスで、その後の私の研究方法に大きな影響をもたらしました。

合宿に参加したときは、処女作『アメリカ管理会計史』上下巻を脱稿する寸前でしたが、論理一貫性を整えるのにその後２年を要し、同文舘から上梓したのは１９８９年秋でした。

高寺先生、津守先生の教え方に触れたところで、恩師・西田博先生のことにも触れておきましょう。

前述したように、学生たちには「ブルドーザー」と形容されたように、緻密な検証と推考を重ねる方ですが、一方で、

「ものごとを赤か白か、単純化して考えろ！」

というのが口癖でした。

西田先生の「単純化」には二つの意味がありました。一つは、西田先生の師匠である京都大学経済学部教授の岡部利良先生から直接教わった「1万ページの本も2、3行で要約しなさい」というものでした。当時、京都大学経済学部の修士論文は、200字詰原稿用紙で50枚が上限でしたので、要約した多数の文献を引用しながら、推敲に推敲を重ねて濃厚な修士論文に仕上げる必要があったからだそうです。いろいろあっても、中身を本当に理解していれば、一言で表現できるはずだというのが、先生の持論でした。

もう一つは、どれだけ複雑であっても、ものごとを「幹」と「枝葉」とに分けて単純化して考えてみて、「幹」に注目しつつ複雑な現象を説明することでした。その結果、自分だけの単純な論理を導出できれば、それがオリジナリティである。そして、そのオリジナリティこそが学者の研究の神髄なのだという教えなのです。

西田先生の話によると、「ものごとを単純化して考えろ」というのは、西田・高寺・津守の各先生に共通の師である京都大学経済学部・岡部利良教授の教えらしく、津守先生がまだ大学院生だった頃、岡部ゼミで、

「これから、配当可能利益についての報告をさせていただきます」

と開口したところ、岡部先生が、

「津守君、利益はすべて配当できるのではないのか？」

そう質問されて絶句してしまい、報告できなかったという逸話も残っています。

学問を始めると、枝葉がどんどん広がって、迷路にさまよい込んでしまうことが大いにありえます。そんなとき、ものごとを単純化して考えることにより、迷いが消えて迷路から脱出できることがあるはずです。あるいは、複雑な様相を呈している森のような現実から一旦外に出て、森を上空から俯瞰的に眺めてみることにより、解決の糸口を見つけることができます。

ビジネスシーンでも同じことが言えるのではないでしょうか？

商談がデッドロックに乗り上げたようなとき、「結局、先方と何をしたいんだ？　何が言いたかったんだ？」と自らに問いかけること。単純化した論理ほど、相手に伝わりやすいものなのです。


話を私の2本目の論文に戻しましょう。

論文は西田先生にも読んでいただいたのですが、そのときの反応は高寺先生よりもっと手厳しいものでした。

「これ、アカン！　水準に達していない。留年して、いい論文を書きなさい」

留年してでも……、厳しい言葉です。

高寺先生や西田先生に突き放されることにより、頭の中が真っ白になりました。しかし、いったん真っ白になることによって、頭の中がリセットされ、「気」が通い始めたのかもしれません。この頃になってようやく、「論理一貫性がない」「計算しか見ていない」「オリジナリティがない」の意味がおぼろげながらも見えて来たような気がします。先生によって異なる言葉、異なる視点、異なる方法論による指導をうけて、ようやくにして堅牢な門の横に、通用門の光が少しだけ見えて来たということです。

いずれにしろ、2本目の論文のテーマである、「直接原価計算の主要機能が短期限界利益管理にある」という考え方（注・論文名は「限界利益概念による短期限界利益管理」『立命館経営学』第15巻5・6号）は、西田先生をはじめとした諸先生方の厳しい指導のおかげで生まれたことは間違いありません。

最近、若者を叱り飛ばす大人が少なくなったと言われますが、若者は叱られたことをバネにして飛躍する場合があるということを忘れてはなりません。ただし、叱責の背後には、その若者を見守ってあげる愛情が必要です。

２本目の論文を脱稿したのは１９７６年12月末のことで、翌年３月に公刊されました。そのとき、河合先生から、

「やっと、ええ論文を書きよった」

と、初めてのお褒めの言葉をいただきました。

ただし、２本目の論文が刷り上がったときは、時すでに遅しで、オーバードクターという厳しい現実が待ち受けていました。いくつかの大学に「虎の子」の論文を同封して公募書類を送っていたのですが、次々に返送されてきて、就職が決まりません。公募書類に添付する論文があまりにも少なかったのです。

日本電池・田中千秋氏の私設奨学金

オーバードクターとは、博士課程の単位または学位を取得しながら定職に就いていない者のことで、「余剰博士」とも揶揄されています。

私は、立命館大学大学院経営学研究科博士課程を終えて必要な単位を取得した後、同大学を

退学したのですが、その後の1年間は就職が決まらず、なんとも中途半端なオーバードクターの時代を過ごしたのでした。

就職が決まらないとはいえ、結婚して子どももできていましたから、親子3人の生活費を工面しなければなりません。そこでまずは、立命館大学の非常勤講師を務めました。立命館の非常勤講師といえば聞こえはいいかもしれませんが、待遇ときたら涙がこぼれるくらいの薄給で、親子3人がとても暮らしていけるものではありません。たしか月収は1万円程度だったと思います。そこで、京都市内の経理学校で会計学を教えて1万円、さらにユアサ電池で週2回、社員に簿記を教えて4万円、合計で月に6万円ほど稼いでいました。

それでも親子3人の生活は苦しい。仲人をしてくれた日本電池の田中千秋氏に窮状を訴えたところ、「何とかしてあげよう」ということで、就職が決まるまでの1年間にわたり、月2万円を援助してくれました。会社を辞めていったオーバードクターを、田中氏は個人的に援助してくれたわけです。

もっとも、田中千秋氏への「私設奨学金」の依頼は妻に内緒だったため、後でこっぴどく叱られました。

この奨学金は、名城大学へ赴任して1年経ったころに、計算した利息と京都ホテルのお食事

券を添えて田中氏にお返ししましたが、このとき、

「おまえから利息とるために貸したんとちゃう！」

と怒られ、利息は突き返されました。それでもお食事券だけは「気持ち」として受け取っていただきました。私は、返す言葉がありませんでした。本当に温かい方々のご支援に支えられていたと思います。


オーバードクターの１年間は、妻・弘子の実家にも物心両面でお世話になりました。

「近くまで来たので、ついでに寄ってみた」

「孫の顔を見に来た」

などと言いながら、両手いっぱいの食料品を携えて、ご両親でしばしば陣中見舞いに来ていただいたものです。こうした援助がなければ、オーバードクター時代は到底乗り越えられなかっただろうと思います。

周囲の皆さんの援助を受けながら、オーバードクター時代、「直接原価計算の教育機能」という論文と、「線型計画法によるＣＶＰ分析の拡張」という研究ノートを仕上げました。

いずれも出来ばえは良くはありませんでしたが、当時の私の実力そのものだったと思ってい

ます。

第5章

東海地区から世に一石を投じた「管理論研究会」の研究成果

コンピュータが決め手となって名古屋・名城大学に赴任

1978年4月、名古屋市天白区に本部を置く名城大学の商学部に専任講師として赴任しました。住まいは天白区高針の県営高針住宅。34歳の子連れ再就職でした。当時、名城大学は中部地区でこそ知名度がほどほどにありましたが、全国的にはほとんど知られていませんでした。ところが、2014年10月7日、大学院理工学研究科の赤崎勇終身教授が青色発光ダイオードによって2014年ノーベル物理学賞を受賞されたことで、日本だけではなく世界中にも知られる大学となりました。17年間お世話になった元教授として赤崎教授の受賞をたいへん嬉しく思っています。

名城大学への赴任は、意外にもコンピュータを扱えたことが大きな決め手になりました。

というのも、当時の名城大学商学部には1万人に迫る勢いで受験者が増えてきていて、入試でマークシート方式を採用したかったのですが、マークシートの試験を行うにはコンピュータを扱える人材がいるというのが前提です。ところが、学部内にはコンピュータを扱える者がいない。「誰かいないか」と人材を求めているところだったのです。

日本電池の社員時代、「やがて、コンピュータの時代が来る！」と感じた私は、自分への投資のつもりでコンピュータの専門学校に通いましたし、照明事業部の仕事でもコンピュータを扱いました。

同社を辞めて大阪経済大学の大学院生となったときには、大阪にあったコンピュータ会社でアルバイトをしたこともあります。電話番のアルバイトでしたが、私がコンピュータを扱えることを知った同社の社長から、

「コンピュータ関連の新しい会社を作って、君を常務で迎えてやるから、うちに来ないか？」

と、誘われたこともあります。

大学院の博士課程に進みたいという意思を伝えると、

「もし、博士課程に落ちたら、いっしょにやろう」

とまで言われました。本気だったようです。

その後、幸か不幸か博士課程に合格したので、報告に行ったところ、

「ま、それはいい、いい。ところでアルバイトせえへんか？」

またまた別のアルバイトに誘われたのでした。

それは、あるコンピュータサービスの会社で、1行10円でプログラムを書くというものでし

た。結婚してお金が必要な時期でしたので、喜んでお受けしましたが、1日で多いときには500行くらい書きましたから、日給5000円の報酬。悪くない実入りでした。

やがて、『電波新聞』に連載するためにアメリカの雑誌のコンピュータ関連の記事を翻訳する仕事がまわって来て、こちらは1字1円で引き受けました。おかげで、お金を稼ぎながらコンピュータの知識を深めることができました。軸足の一方を在野に据えていた者の強みです。

そんなキャリアがあったものですから、立命館大学大学院博士課程での就職活動に際して、実は、名城大学にもコンピュータを扱える旨を記した応募書類を送っておいたのです。ところが残念ながら、結果は第2位で、選考試験に落ちてしまったのでした。

後で聞いた話ですが、1位の候補者が赴任を辞退したため、本来なら私が繰り上げ当選したはずですが、次点の候補者を繰り上げる所定の手続きを教授会でしていなかったため赴任はかなわず、内部の人は、

「この上總という人、もったいないね。来年も応募してくれたらいいけど」

と、噂していたそうです。

私はそんな内情を知る由もなく、翌年、「どうせ、今回もダメだろう」と、それほど期待することもなく名城大学に新しく作成した線型計画法を応用して、コンピュータ・プログラムを

開発してＣＶＰ分析を拡張するという研究ノートを添付して応募書類を郵送したのでした。ところが予想に反して、コンピュータが扱えることが決め手となって、採用！　ほっと胸をなでおろしました。

こうして、長年住み慣れた京都を後にして、新天地の名古屋に赴任しました。

私が赴任すると同時に、名城大学商学部はマークシート方式を採用し始めました。他にできる人間がいないから、私が率先してマークシート作りから始めましたが、業者が作成してきたサンプルを前にして、

「これはおかしい！　こんなんでお金とるんか！」

そう質問したところ、「文系の大学の先生で、こんな人がおるんか！」と、業者さんがびっくりした表情を浮かべていたのを覚えています。

いまや一般的になりましたが、マークシート方式草創期の話です。

学生たちの個性を把握できた1000円コンパ

名城大学は、ひとときも気を抜けない立命館大学博士課程に比べるとすごく快適な環境で、給料もそこそこにいい大学でした。

しかし、私立大学には、たとえ新任教員であっても、講義を免除してくれるような余裕はありません。専任講師として赴任した1978年4月、さっそく「簿記」「管理会計論」の講義とゼミナールを担当しました。

大学院で研究者としての研鑽は積んできたものの、教育者としては新米です。34歳の若さにまかせて、私なりに学生たちに「教育」をほどこしました。

通常、ゼミナールでは高度の専門知識と思考力を養うために、定番の本や新しい研究書を輪読し、輪読しながら知識を身につけていきます。しかし、必要なのはそれだけではありません。一方で学生たちに内在しているはずの多種多様な可能性を、ゼミナールの活動を通じて開花させてあげる。これも大学教育の大切な役割だと思っています。私は34歳の、この業界では若い先生という特権を生かして、他のゼミにはない試みをもって学生たちの可能性の開花に挑みました。

思い出すままに列挙しますと、以下のような試みです。

◆毎週、ゼミ終了後に行う「1000円コンパ」
◆サッポロビール浩養園ジンギスカン飲み放題コンパ
◆ゼミ生だけのソフトボール紅白試合
◆ゼミナール対抗ソフトボール大会
◆女子大との合同ゼミコンパ
◆ゼミ合宿（軽井沢、御嶽山、昼神温泉、新平湯温泉など）
◆夏期テニス合宿
◆女子大とのスキー合宿
◆工場見学（トヨタ自動車元町工場、富士通沼津工場など）
◆愛知大学、市邨学園短期大学との三大学ゼミナール大会
◆2泊三日の簿記合宿

卒業式の日、お好み焼き屋「久」前にて、ゼミ生と記念写真。

まずは、冒頭に紹介した「1000円コンパ」の概要をお伝えしましょう。

毎週、ゼミ終了後に、名城大学の校門から徒歩5分の場所にあったお好み焼き屋「久」に、ゼミ生といっしょに通いました。客が20人も入れば満席となってしまうような小さなお好み焼き屋さん。気を遣ってくれた店主は、私たちのために2時間ほど暖簾をしまいこんでくれたので、毎回、貸し切り状態です。お好み焼き1枚200円を各自2枚。ビールが1本300円で各自2本。合計1000円だったところから、いつしか「1000円コンパ」と呼ばれるようになったのでした。

場が盛り上がり、ビールが足りなくなったときには、店主自ら酒屋さんに走り、両手に冷えたビールを5~6本携えて、「飲みなさい!」とサービスしてくれたこともあります。食欲旺盛な学生たちが、お好み焼きのネタをすべて食い尽くしてしまったこともありました。

ゼミナール対抗ソフトボール大会で優勝したときには、もちろん、この店で優勝祝賀会を行いました。勝ち取った優勝トロフィーを肴に、ゼミ生とともに酒を飲み、優勝の味をかみしめたものです。このときばかりは、皆、帰りの電車賃だけを財布に残し、有り金はたいて酔いしれたものです。会計学というよりは、まさに体育会系クラブのノリ。おかげで学生たちとはずいぶん親しくなりましたし、私にしてみれば彼らの個性を把握することができました。

学生たちにしてみれば、いっしょに酒を酌み交わすことにより、「人間力」「対人力」が鍛えられたと思います。酒の力で熱くなり、口角泡を飛ばして議論することもありますので、「会話力」「論理力」も磨かれます。議論を通じて、思いがけない自分の可能性に気付くこともあります。おわかりのようにコンパの目的は、親睦を深めることだけではないのです。

八分の力で投げればボールはコントロールできる！

上總ゼミでは年に何度となくソフトボールを楽しんだものですが、スポーツを通じて学ぶこともあります。

前にもお伝えしたように、中学・高校時代、私はバレーボール部に所属していました。当時は9人制で、背の高いものは前衛に、低いものは後衛に回されていたのですが、私はあまり背が高くなかったので、後衛専門。当時もてはやされた「東洋の魔女」なみに「回転レシーブ」もやったものです。

ただし、垂直跳びは80センチを超えていたので、いつかは強力なスパイクを打ち込むアタッカーになりたいと願っていました。ところが現実は厳しくて、6年間を通じて後衛でレシーバー専門でした。アタッカーは人のいないところにスパイクを打ち込めば良いが、レシーバーは必死でこのボールを拾わなければならない。「スポーツとは、まさに矛盾である」などと感じたものです。

その後、バレーボールは9人制から6人制へと移行しましたが、私はバレーボールに見切りをつけて草野球派に転向しました。

肩の強さを見込まれて、ポシションはピッチャー。最初は直球しか投げられない「ノーコン投手」で、ボールは何度となく打者のどてっ腹に当たったものです。しかし、人間は失敗を重ねながら学習していくもので、やがて「八分の力で投げれば、ボールをコントロールできる」という投球のコツをマスターしたのでした。合わせて小さく落ちるカーブと、大きく落ちるカーブ（注・こちらは当時、ドロップと呼んだ）を覚え、ど真ん中の直球、大小のカーブ、高めのつり球の組み合わせで面白いように三振をとったものです。

この「八分の力で投げれば、ボールをコントロールできる」というコツは、学問の世界にも通じます。

ある「定説」があり、その定説に対抗する「新たな学説」を打ち出すのが学者の大切な仕事の一つですが、それが水準に達しているものでなければ、もちろん話になりません。しかし、水準一歩手前の出来栄えだった場合、時として身内の研究会や学会などでその新たな学説の修正を求められたり、否定されることさえあります。

そこで、より確かな高い水準の学説を新たに提示することにより、「定説」に勝負を挑むわけですが、このとき目いっぱいの力を出し切ってしまったのでは、「定説派」の思う壺に入り込んでしまい、まず勝てない。定説に対してやみくもに体当たりしていったのでは、堅牢な門に阻まれてしまうということです。

二分の余裕が必要です。学説の再考にあたり、十のうち八の力は出さなければなりませんが、残りの二分は、一歩引いて現在の状況を俯瞰する観察眼に回すこと。その一歩引いた観察眼を保持する余力があれば、「定説」の強いところと弱いところが見えることがあります。繰り返し述べているように、堅牢な開かずの門の横に「通用門」がパッと開く瞬間が見えることがあるということ。その弱いところに、ダ、ダ〜ッと飛び込んでいけばいいのです。

研究者を目指して大学院に入ってからは、さすがに野球をする余裕がなく、その機会も激減しましたが、それでも私のような「野球好き」は大学院にもけっこういるもので、「他研究科との親睦」「気分転換」などと理屈をつけて、時々は野球やソフトボールに熱中したものです。

その延長戦上にあったのが、名城大学の「ゼミ生だけのソフトボール紅白試合」や「ゼミナール対抗ソフトボール大会」というわけで、私もときおりメンバーとして引っ張り出されたものです。

広大な農場の一角で行った簿記検定直前特訓ゼミ

2泊三日の「簿記合宿」も有意義なものだったと思います。

私のゼミでは、卒業するまでに日本商工会議所の簿記検定2級に合格することを目標にしていたのですが、いきなり2級を受けても合格率が低かったので、まずは3級に挑戦させました。それも、わずか2泊三日の合宿で合格ラインを目指すというものでしたから、無謀とも言える計画でした。

毎年2回の簿記検定試験の日程に合わせ、愛知県春日井市にあった農学部の付属農場の研修施設にこもり、2泊三日の「簿記検定直前特訓ゼミ」を行うのです。

本来、この研修施設は農学部の農業研修生を受け入れるためのものですが、職員や他学部の学生も1日400円で使用できました。2段ベッドが設置されていましたが、布団がなかったため、大学出入りの貸布団屋さんから一式800円で調達したものです。

研修施設にはガス器具をはじめとしたキッチン施設や調理に必要な鍋釜類、もちろん食器類もそろっていましたから、私たちは食材や調味料を持ち込んで自炊しました。食材は、大学が地域サービスの一環として設置している付属農場の直売所で鮮度のいい卵、野菜などを購入。調理担当は、私と、すでに簿記検定2級に合格した学生です。

メニューはカレーライス、すき焼き、焼き飯、そして夜食のおにぎり。調理担当は勉強している学生たちの部屋の隣にある台所でにぎやかに食事を作っていましたので、簿記の勉強に集中している学生たちにしてみれば、かなり傍迷惑だったかもしれません。

1日が終わるとみんなでビールを飲みましたが、ときには、卒業したゼミの先輩たちが酒や食料の差し入れをしてくれたものです。

春日井市の真ん中にあった広大な農場の一角。農場の藁や土の香りが窓から流れ込んできました。満天の星の下での「簿記検定直前特訓ゼミ」でしたが、学生たちが頑張ったおかげで、簿記検定3級の合格率は90％を超えていました。

以上紹介したのは、新米教育者であった私の試みの一端ですが、おかげで私のゼミはあっという間に商学部でも屈指の人気ゼミナールとなったのでした。

東海地区から世に一石を投じた研究成果

大学の先生というのは、教育者ではありますが、一方で、自分自身の研鑽をおろそかにすることができません。つまり、教育者であるのと同時に、研究者であらねばならないのです。そして、研究者としての証となるのが論文です。

名城大学を例にとれば、まずは専任講師として赴任しますが、論文を1本も書かなければ、いつまでたっても専任講師のままです。通常は論文3本で3年たつと助教授（現在は准教授に名称変更）に昇格。そして、助教授を6年経過した時点で博士学位を取得しているか、著書を1冊か、論文を6本まとめると教授になるというのが通常のコースでしたが、私はハイスピードで助教授に昇格（1981年4月）し、その後、『アメリカ管理会計史』（同文舘出版刊）という著書を上梓して、1989年4月には名城大学商学部教授（担当・管理会計論）になりました。

処女作『アメリカ管理会計史』の業績が高く評価されて、1990年6月、法政大学で開催された日本会計史学会において、学会賞が授与されました。さらに、高寺先生を通して京都大学経済学部へ博士学位請求論文として提出し、論文審査（主査・高寺貞男教授、副査・赤岡功教授、副査・野村秀和教授）を無事合格して、1991年3月、京都大学から経済学博士の学位が授与されました。家族はもとより学位授与を祝福してくれましたが、とりわけ恩師・河合信雄先生がわが事のように喜んで下さいました。

名城大学商学部に赴任して間もなく、私は「管理論研究会」に入れていただきました。メンバーの中心は、明治大学を卒業し、労務管理に関するアメリカの研究書の翻訳を得意としていた商学部教授の小林康助氏。小柄ではありますが声は人一倍大きくて、正義感の強い熱血漢でした。

メンバーは、馬場克三教授（九州大学教授）の門下生で、企業財務論を研究していた永井統、中村萬次教授（神戸商科大学）の門下生で標準原価計算の歴史を研究していた中根敏晴（現・名城大学副学長）、そして経営管理論の今井斉、アメリカ経営史を研究していた森川章（現・名城大学学長）、立命館大学の1年後輩でアメリカ電話電信会社（A T & T）を研究していた宮崎信二、同じくＩＢＭを研究していた夏目啓二（元・名城大学短期大学部専任講師、現・龍谷大学教授）といった顔ぶれで、ときには中京大学商学部で、経営学の創始者テイラー（Frederick Winslow Taylor）の科学的管理法をはじめとしたアメリカ経営管理史を研究していた西郷幸盛教授と相馬志都夫教授なども加わりました。

研究会は毎月1回、定期的に名城大学で開催されました。

20世紀をはさむ歴史の転換期にアメリカの企業で起こった管理改革運動について、主にアメリカ機械技師協会（American Society of Mechanical Engineering : ASME）の機関誌や *Engineering Magazine* などの雑誌に掲載された実務家の論文を丹念に読破して、その結果を中心に毎回報告が行われました。

私たちが研究者の立場で当面の目標としたのは、アメリカ経営史では、ハーバード大学のチャンドラー（Alfred DuPont Chandler, Jr.）の「アメリカ経営史」研究、「アメリカ管理会計史」では第一人者である辻厚生氏（大阪市立大学教授）の研究でした。アメリカ経営史の研究は、原価計算や管理会計の発達史を研究する私たちにとっても、大変重要な研究課題だったのです。

研究会は午後1時30分から午後5時までの3時間半。終了後は決まって昭和区の八事《やごと》交差点近くにある「東寿司」で刺身や寿司を肴に、にぎやかに酒を飲んだものです。学問の話はもちろん、人生についての話、学部内外の諸事情についてあれこれと裏事情も耳に入ってきました。その後の名城大学での立ち回り方に関しては、この場の情報がずいぶん役に立ったものです。

この研究会での研究成果はその後『アメリカ企業管理史』（小林康助編著）と題して、１９８５年1月にミネルヴァ書房から出版されました。

東京と関西地区から学問の渦が巻き起こるケースが多い中にあって、東海地区の私たちが世に一石を投じた優れた研究成果であったと自負しています。

第6章

弟子を育てたくて赴任した京都大学経済学部

それは、51歳で経験した人生のターニングポイントだった！

我が家は、妻と長女、名古屋で生まれた次女の4人家族です。名城大学赴任後3年目に、通勤と生活に便利な天白区八事表山のマンションに転居していました。あれは1994年10月13日、長女朋子の18歳の誕生日を八事ひばりが丘近くのステーキレストランで祝い、ほろ酔いで帰宅したときのことでした。その後の私の歩き方を決める1本の留守番電話が入っていたのです。

それは京都大学経済学部教授の中居文治氏からの留守電でした。折り返し電話を入れると、私の人事が京都大学の教授会で通ったという連絡でした。要するに、管理会計論の教官として京都大学経済学部からスカウトされたということです。受話器片手に、一瞬、身が引き締まる思いに包まれました。

『アメリカ管理会計史』（同文舘出版刊）の上梓によって、1989年4月に名城大学商学部の教授となり、研究者としての私の人生に一つの区切りがついたのですが、実はその頃から「弟子を作りたい」と本気で願うようになっていました。それまでは、専任講師→助教授→教授と、視線のベクトルを上に向けて歩いて来たわけですが、いざ教授のポストに座ってみると、西田博先生や河合信雄先生が私を育ててくれたように、「自分も弟子を育ててみたい」という願望がふつふつと湧いていたのです。

そんな思いもあって、中居教授からの要請に応じる形で自らの履歴書と業績目録を京都大学に提出しておいたのですが、当時の私にしてみれば、京都大学は敷居が高いというのが正直なところでした。

なにせ、大学界の西の雄です。

立命館大学の指導教員だった西田博先生も、そして河合信雄先生も京都大学経済学部会計学研究室の出身であり、博士課程ではその会計学研究室を統括されていた高寺貞男教授の研究室に通って教えを受け、京都大学から「経済学博士」の学位を頂戴していたとはいえ、学部や大学院時代を通じて京都大学の門を一度もくぐったことのない私にとって、京都大学への赴任は、どこか遠い夢のような世界でした。それに、どこの大学にも人事に関してはいろいろ複雑な事情がままあるもので、このあたりは一般企業の人事とも共通しています。

ところが、その夢のような話が現実になったのでした。

名城大学と比較すると、京都大学の給与は3～4割もダウンします。定年も72歳から63歳へと早まります。職位も教授から助教授へと格下げです。それでも私は、「弟子を育てたい」という強い思いから京都大学経済学部に赴任しました。人生のターニングポイント。そのとき、私は51歳になっていました。

名古屋～京都をクルマで通勤
鈴鹿峠越えの恐怖

1995年1月17日午前5時46分、関西地区を阪神淡路大震災が襲いました。高速道路や多くの建物が倒壊し、多数の死者を出したこの大震災の傷跡が色濃く残る4月1日、私は百万遍にある京都大学正門を潜り、経済学部の事務室で「助教授」の辞令を受け取りました。

宿舎は京都市内にある京大教員宿舎を予定していたのですが、大震災の影響もあって、満室で入居できなかったため、宇治市五ケ荘の京都大学宇治職員宿舎に長女・朋子とともに入りました。朋子は阪神地区にある大学に入学したのですが、その阪神地区は地震の被害が大きく、すぐにはよいアパートを確保できないと思われたので、二人で宇治職員宿舎に住むことにしたのです。

京都大学までは、最寄りの黄檗駅から京阪電車に乗って1時間もあれば到着しましたが、大学までは京阪電車と阪急電車を乗り継いで2時間以上はかかったため、朋子には不自由な思いをさせてしまいました。

次女の朗子はまだ中学3年生だったので、妻といっしょに名古屋の自宅マンションに残し、私は毎週月曜から金曜まで京都で勤務して、週末には名古屋へ戻り、月曜には京都へ「通勤」するというスタイルにしました。4月からしばらくは新幹線で通勤しましたが、新幹線の中ではリュックにどっさりと支援物資を詰め込んだボランティアの人々をよく見かけたものです。当時、京都から西に向かう新幹線は不通だったため、京都駅には在来線に乗り継ぐために下車する支援者があふれていました。

大学から支給される交通費の規定では、宇治の宿舎に入っていますので、名古屋から京都までの新幹線の料金は支給されません。そこでしばらくたってからは、国道1号線を使って名古屋〜京都をクルマで移動することにしました。

昔から、クルマの運転は好きです。

日本電池時代には仲間とともに中古車を運転して、北陸経由で上高地へと回る「北陸北アルプス縦断大ドライブ旅行」を敢行したことがありますし、高速道路のない時代の国道2号線と

3号線を利用して、京都から鹿児島枕崎と都井岬を回って来る「九州一周ドライブ旅行」を楽しんだこともありました。

しかし、途中の難所である鈴鹿峠の冬場は怖い思いをしました。峠を登るにつれて、道路脇に設置された温度標識の表示が「3度」↓「2度」↓「1度」↓「0度」↓「マイナス1度」へと徐々に下がって行くのです。スリップの危険と隣り合わせの運転が、心臓にいいはずがありません。

翌年の春、次女・朗子を京都の高校に入学させることにして、右京区鳴滝に新居を構えました。まだバブルの余韻が残っていて、地価が高止まりしていた時代です。名城大学からいただいた退職金を頭金にして、私としては高下駄を履いて大きくジャンプしたうえに、清水の舞台から飛び降りるような覚悟で、ハウスメーカーに小さな家を建ててもらったのでした。

3月末に妻と娘が京都へ引っ越し、同時に書籍、資料、パソコン、そして机や椅子などの研究道具も京都へ移動。こうして、家族4人そろっての京都での新生活が始まりました。

京都大学には駐車スペースがなかったので、クルマでの通勤は断念して、自宅から自転車で通いました。大学までは自転車なら30分余りの距離。名城大学のときも自転車通勤で、雨の日は雨合羽を着て通勤していたのですが、京都はやはり交通量が多いのでそうもいかず、雨の日だけはバスを利用しました。

毎日の自転車通勤は、体を鍛えてくれました。それが京都大学での研究と教育の激務を支えてくれた原動力となったのかもしれません。前述したように、学問には知力だけでなく、体力も必要なのです。

ところが、還暦が近くなったある日、自転車で転倒して怪我をしてしまいました。以降、院生たちの厳しい「指導」に従って、自転車通勤は断念。バス通勤を専らとしたのでした。やがて院生諸君と酒を飲む機会も増え、夜の帰宅時には「京聯タクシー」にずいぶんお世話になったものです。

フィールドワークを通じて「管理会計」の実際を知る！

京都大学の学部では管理会計論の講義、入門ゼミ(2回生対象)、専門ゼミ(3、4回生対象)、大学院では管理会計論とゼミを担当しました。それに加えて、年度によって異なるものの、1

回生対象のポケットゼミ、経営学（会計学）入門講座、そして2回生が相手の英書購読、会計学入門などを受け持ちました。17年間過ごした名城大学とほぼ同じ内容の講義やゼミでしたが、それでもいろいろ工夫して教育しました。

参考までに、学部の管理会計論の講義では新世社から出版した『管理会計論』（1993年）を使用し、学部ゼミは次のようなテーマで運営しました。

◆2回生　会計学の基本的知識の習得、財務諸表分析、企業行動分析
◆3回生　原価計算論の習得、管理会計システムの調査
◆4回生　現代管理会計論の学習

2回生は自分が調査したい企業を選択し、新聞・雑誌・論文・著作などを使って企業の行動分析を行い、単位論文を作成しました。貸借対照表や損益計算書に表示される会計情報の基礎になっている企業行動そのものを分析するのです。それは、数字が持っている意味、数字に現われた企業の行動を理解することに意味があります。さらに言えば、「財務会計」と「管理会計」の違いを知るということでもあります。

3回生は実際の企業で展開されている原価計算や管理会計の実践を調査しました。そのため、年に1回は工場見学や企業調査といったフィールドワークを行いました。思い出すままに会社名を挙げてみますと、サントリー京都ビール工場（京都府長岡京市）、トヨタ自動車（愛知県豊田市）、デンソー（愛知県大府市）、本田技研工業（三重県鈴鹿市）、日立造船（京都府舞鶴市）、希望社（岐阜市）、バッファロー（名古屋市）、オムロン松阪工場（三重県松阪市）、TOWA（京都市）、旧新日本製鐵（兵庫県姫路市、愛知県東海市）といった企業に協力していただきました。

3回生たちは、調査を行う前に事業内容などを学習し、京都市内や近郊の企業を除けば1泊二日で企業調査を行いました。総勢15名ほどの学生といっしょに企業を回りましたが、どの企業も想像以上に丁寧な対応をしてくださったことを心から感謝しています。

誠実な姿勢でフィールドワークに臨めば、それなりの手応えはあるものです。

京都大学経済学部の卒業生たちは関西地区の金融機関に就職する者が多かったのですが、上總ゼミの卒業生に限って言えば、いわゆるメーカー、製造会社に就職した者が多かったというのが大きな特徴でした。これは、ゼミナール活動の一環として、学生たちを企業調査に連れて行ったことが影響していたと思われます。

4回生は、自分で選んだテーマで卒業論文を作成しました。京都大学の経済学部では、卒業論文は必須単位ではなかったので、提出する者は少なかったのですが、それでも年に2～3人の学生は自主的に卒業論文を書き、提出してくれました。

12年間の京都大学在職中に35名が公認会計士試験に合格

私のゼミには公認会計士を志す学生が比較的多かったのですが、大学では受験対策用の講義を行わないので、彼らには会計専門学校へ通って勉強することを勧めました。

理由はもう一つあります。

公認会計士の試験は、管理会計論の「多数説」から出題されることが多いため、「少数説」を学んでも、合格にはほとんど寄与しないからです。そのため、

「公認会計士を受験する者は、私の講義を受ける必要はない。むしろ会計専門学校に通いなさい」

と、強調したのです。

私の勧めに従った学生も多く、大原簿記学校をはじめとした会計専門学校に私のゼミから多

くの学生たちが通っていました。一時期の大原簿記学校・京都校では、十数人もの私のゼミ生が受験勉強に励んでいて、「京都校で上總ゼミが開ける」と話題になったほどです。

その甲斐あって、12年間の京都大学在職中に、35名ほどが公認会計士試験に合格しました。在職期間の比率からすれば、35名というのは異常に多い数値です。それはもちろん、学生たちの頑張りがあったからに他なりません。

公認会計士試験に合格した学生たちには、私の講義の補佐役をお願いしました。

3回生と4回生の専門ゼミでは、最初の90分間を使って管理会計に関する著名な専門書を輪読したのですが、受験参考書を詳細かつより深く理解するような側面もありました。会計士試験には関心を持たない学生もいましたので、中には管理会計の理解に苦しむ学生がいたのです。また、演習問題が解けない学生もいました。そこで、簿記学校でしっかり管理会計を学び、公認会計士試験に合格した学生たちに指導をお願いしたのです。

彼らはゼミの学生たちに対して、わかりやすい方法で「講義」したのですが、その教え方は、私よりはるかに上手で、そのノウハウをひそかに私の教授方法にも取り入れさせてもらったものです。胸襟を開いて付き合えば、学生たちから学ぶことも多いということです。

ゼミの時間は180分間ですから、残りの90分間では、教科書をまったく異なる方向から解説することに努めました。

「研究者たる者、他人と同じことを主張すれば、研究者としての価値がない！」と、大学院の時代から恩師に口酸っぱく叩き込まれていたからです。

中にはなんとも堅固で、論破できない学説もありましたが、多くの学説を俎上に乗せて、まったく異なる角度から論破するという90分間は、私にとっても充実した時間でした。

よくわからないという学生も多かったのですが、中にはこの90分間に特別な興味を抱いて、専門学校からわざわざ通ってくる学生もいました。浅田拓史君と八幡直幸君の二人です。浅田君の方は、「上總病」の症状はまだ軽症でしたが、八幡君の方は少々重症でした。その後、二人ともに公認会計士試験に見事合格。浅田君は大学院博士後期課程を経て、現在、大阪経済大学の准教授。八幡君は有限責任監査法人トーマツに勤務して、オランダで活躍中です。

ゼミを終えると、学生たちを引き連れて、いつもは大学近くの百万遍あたりで、ときには四条河原町へと「時間外講義」へ出かけました。ネオンの下を歩きながら、過ぎ去りし西田先生との立命館の日々を思い浮かべたものです。

優秀な学生も特別扱いはしない

名城大学時代の私のゼミは前述したように「人気ゼミ」の一つでしたが、京大時代も私を慕ってゼミに入会を希望する学生たちが多数いました。経済学部を例にとれば、学生たちは1学年200名あまりです。一方、先生方は50名ほどいます。単純計算すると、1学年で受け持つゼミ生は4名ということになります。編入学や転学部の学生が少なからず希望してきて、私のところには総計30名、1学年10名ほどのゼミ生がいました。ゼミ生とは密な付き合いが要求されますから、30名というのは限界に近い数字だと言えます。

そこで私は、新入ゼミ生を迎えるにあたり、学生たちに面接を命じました。

「おまえたち、ゼミの後輩とは一生付き合うことになるんやから、面接せい！」

ということで、私といっしょに面接官をやらせたものです。

京都大学の学生たちは、他大学の学生たちに比べるとたしかに優秀です。なんと言っても記憶力が抜群にいい。一度言えばすぐに覚えますから、同じことを何度も繰り返して言わなくてもいいというのが大きな強みでした。ただし、近年は、どこの大学でも言われているように、京都大学でも平均レベルが下がっていると先輩教官たちが嘆いていると聞いたことがあります。

多くは中学時代から塾通いをして、たくさんの試験問題を解き、最後の試験で京都大学に合格した学生たちですが、入学試験には運・不運もつきものです。同じように受験戦争に備えて勉強してきても、結果としては、無情にも、京都大学に入学できた学生と入れなかった学生とに分かれます。そのような点からだけみれば、合格点近くの学生と、早稲田や慶應、「関関同立」(関西大学・関西学院大学・同志社大学・立命館大学)の合格上位ランクの学生たちの学力に大差があるわけではないでしょう。

ただし、教授陣が「すごいな！」と舌を巻くような秀才がいるのもまた事実です。比喩的に言えば、秀才がごろごろいるのが京大や東大で、そこそこいるのが早稲田、慶應、あるいは「関関同立」をはじめとした私立大学だと思います。

私のゼミにも優れた学生がいました。

高校時代のセンター試験では、数学や英語はいつも100点。だから、偏差値に100はないのですが、「なんぼ頑張っても、偏差値が100にならんかった！」と不思議がる学生もいるようでした。

私は、そのような学生も特別扱いはしませんでした。教育方法としては、特別なメニューを用意する方法もあるかとは思いますが、私はすべての学生を強いて平等に扱いました。「好きなことを、好きなように学びなさい。時間がかかろうが、迷おうが、私は関与しない」という距離感。さらに言えば、学生たちに「教える」というのではなく、学生たちと「いっしょに勉強しよう」というスタンスでした。というのも、私が専門としていたのは1960年代までのアメリカの管理会計であり、60年代から現代にかけての管理会計は研究途上にありました。だから、学生たちといっしょに学ぼうという姿勢だったのです。さらに言えば、学生から教えられたことも多々ありました。

ただし、放任したわけではありません。

夏の新平湯温泉で大学院ゼミ生の頭脳鍛練合宿

年に1回、岐阜県の奥飛騨温泉郷にある新平湯温泉で、大学院ゼミ生を対象にした2泊三日の合宿をしました。山の向こうは上高地。温泉と緑と青空以外はなにもないという、勉学には絶好の環境です。ペンション「木之下」をほぼ借り切り、朝の9時から夜中の1〜2時まで、「この1年間、自分は何をやって来たか」という研究成果を発表します。休憩は食事の時間だけでした。

院生の発表に対して私がコメントするのですが、修士論文を書いていているような院生なら、コメントを一人につき2〜3時間かけたこともあります。逆に、いいかげんな発表に対しては、「もうええ、報告せんでええ」と、1分で終わることもありました。

そのあたりは、厳しいといえば厳しい合宿だったと思います。

ゼミ合宿で訪れた上高地にてゼミ生らと。

新平湯温泉での頭脳鍛練合宿は、九州大学の津守先生が九重山で行っていた夏期ゼミ合宿を模範としたものでしたが、津守先生ほどには寡黙でいることはできませんでした。とはいえ、指導する言葉はわずか6つでした。

院生が報告すると、「わからん」と疑問を呈す。

論拠不詳や論理の飛躍がある場合には「なんでや」と問いただす。

もう一度報告を促すために「もっぺん」。

納得する報告がなされるまで、単純に「わからん」「もっぺん」を繰り返す。

得意そうに私の様子を伺う院生に「ほんまか」という言葉が飛ぶ。

いろいろ調べて、これ以外の報告はないと思う院生にはこの言葉がきつかったように聞いています。

もたもたして説明が長引くと「一言で言え」と檄が飛ぶ。

院生と問答を繰り返していると、院生自身で間違いに気付いて沈黙する。

それはまだ良いほうで、問答の途中で頭が真っ白になるものもいる。

いずれの場合にも、院生は思考停止の状態にある。

間を待たずに、「あっかん」という必殺ミサイルが飛んで行く。

これまで西田先生、河合先生、高寺先生、津守先生から受けた大学院での指導がこのような形で継承されたのだろうと自分では思っています。

数えきれないくらいの学生たちの論文に目を通しましたが、論文の出来ばえはタイトルでだいたいわかります。どんな問題意識を持ち、何を対象として書いているのか、さらに言えば結論は何かということまで、タイトルに出るのです。また、はしがきと目次を読み、巻末の文献リストを見れば、本文を読まなくても出来ばえが推測できるものです。

そのあたりは、「一言で言え！」という、恩師・西田博先生の教えからきたのかもしれません。

助教授として京都大学経済学部に赴任した1年後の1996年4月、同学部の教授に昇格しました。その後、経済学部から大学院経済学研究科の教授へと組織変更が行われ、12年間、京都大学の教官として務めることになります。そして、教授になって還暦を過ぎた61歳のとき、オーストラリアのシドニーに初めての公費留学をしました。

61歳で体験した半年間のシドニー留学

京都大学では海外に留学する場合、60歳までは京都大学教育研究振興財団の資金を使って公費留学する権利を与えられますが、60歳を超えるとその時点で申請の権利が失効します。そこで私はぎりぎりの60歳のとき、オーストラリア・シドニーにある大学への留学希望を振興財団の事務局に提出しました。しかし、あえなく不採択！　ところが、幸いにも採択者の中から辞退者が出たため、私は繰り上げ当選したのでした。かつて名城大学商学部に専任講師として応募したときも、最初は不採用で1年間のオーバードクターを味わいました。採用予定者の辞退にともなう繰り上げ当選があってもよかったのですが……。私はこの「繰り上げ当選」と浅からぬ因縁があるようです。

しかし、繰り上げ当選だろうとなんだろうと、権利を得たからにはこちらのものです。

「行く！　行く！」

私は喜び勇んで2005年3月から半年間のシドニー留学に出向いたのでした。シドニー空港に降り立ったときには誕生日を過ぎて61歳になっていました。

管理会計の世界には、実証会計学、分析会計学、実験会計学、社会学的会計学などのいくつかの研究領域がありますが、ヨーロッパで盛んな社会学的会計学の研究を除けば、ほとんどの会計学研究はアメリカの大学が主導しています。私が出向いたのは、社会学的管理会計では当時世界の3本指に入ると評されたシドニーのニューサウスウェルズ大学（The University of

New South Wales, Sydney, AU）会計学部のウエイ・ホン・チュア教授（Wai Fong Chua）の研究室でした。

最初の面談で、チュア教授にいきなり言われた言葉は、いまも忘れれません。

You have to go to English school.

つまり、君は英語の語学学校に行きなさいと命じられたのです。

オーストラリアは移民が多いこともあり、それぞれの大学が語学学校を併設しているのですが、私は半強制的に、そこの初級クラスに入れられてしまったのでした。社会学的管理会計学を学ぶつもりで留学したはずなのに、語学学校で英語の初歩から学ぶ羽目になったということ。たしかに、先生のレッスンは英語で行われるので、それなりの英語力がなければついていけません。

朝の9時から午後の2時30分までは語学学校で英語の勉強。午後の3時からと夜間にかけて会計学部で学部の学生や大学院の院生を対象とした管理会計学の講義が行われていました。夜

61歳のとき留学した、オーストラリア・シドニーにあるニューサウスウェルズ大学会計学部の校舎。

間部の講義には、会計実務家や公認会計士の試験突破を目指した社会人が出席していましたが、学部と大学院の講義に出席した私は、彼らに交じって教授の流暢な英語にただただ耳を傾けていました。

私たちの世代は、英文は読めても、英語を聞いたり話したりするのは苦手です。そのため、同じ世代の留学した者の中には講義をギブアップして、宿舎で好きな研究をしている者が多かったようですが、私は逃げなかった。わかってもわからなくても、逃げるのが嫌だったのです。

大学院の講義では、毎回30〜40ページもある分厚い論文を３本渡され、週２回、かなりハードな講義が行われました。将来は研究者を志望する院生も多数学んでいました。大学院生はこれを事前に読んだうえで出席し、チュア教授の解説が済んだ後で、教授がランダムに生徒を指名して、質問に答えさせるという方式です。質問に答えられないと点数が下がるので、生徒たちは与えられた論文を必死に読みます「指名されたら困るなあ、どうしよう」と思っていたのですが、幸いにも私は指名されたことがありません。曲がりなりにも、私は京都大学の「プロフェッサー」です。指名して質問すれば、答えられるに違いないと教授が好意的に解釈してくれたからでしょう。

あのとき、「恥をかくのは覚悟の上」と腹をくくり、逃げなくてよかったと思います。あの半年間の留学で社会学的管理会計学の最先端を少し学べたことと、少なくとも新しい勉強法が身に付きました。逃げてしまったのでは、何も得るものがありません。

英語で研究報告をしたことがありました。

報告自体は事前に準備できるから何とかなるのですが、報告を終えて質疑応答になると、いまでもちょっとお手上げです。つまり、私には基本的に英語を聞く力が不足しているということでしょう。これは、英語の文献を読む力さえあればよしとされた、私たちの世代の多くの学者に共通した弱点だと思います。

しかしこれからの研究者は、積極的に海外に出向き、外国人と交流しながら知識を深めていかねばなりません。

そう思った私は博士後期課程の院生たちをよくニュージーランドで開催される管理会計学会へ連れて行きました。多くの国では、ルームフィーは一部屋いくらの計算であり、その部屋に何人宿泊しても料金は同じです。大きな部屋に、でっかいツインベッドがドン、ドンと置かれています。もったいないなと思った私は、学生たちに同行の希望者を募ったのです。

「飛行機代だけはご両親におねだりしなさい。その代わり、向こうに着いた後の宿泊代、交通費、食費は全部私が持つ！」

そんな触れ込みでしたが、何人かの学生が私について来ました。学会の出張ですから、期間は1週間程度ですが、この海外旅行が刺激となり、やがて短期&長期留学へとつながった学生たちもいました。

シドニーには、1ヵ月後に二人の娘たちがやってきて、留学生活が一気に充実しました。牛肉がとても安かったので、近くのスーパーでしばしば買い求めて、ワインで美味しくいただきました。週末には、サーキラキーやシティの繁華街で食事や買物を楽しみました。

また、かつて学部ゼミ生だった牧寛之君（現・株式会社メルコホールディングス代表取締役社長）が投資ファンドの調査のためにイギリスを経由してシドニーまでやってきました。私も同行してシドニーの投資ファンドを3社ほど調査しましたが、その後、彼はメルボルンへと調査に向かいました。教え子が国際的ビジネスマンとして世界を駆けめぐる姿に頼もしさを感じたものです。

5月の連休を利用して、姪と甥（妹・美佐子の子どもたち）もシドニーまでやってきました。

1週間ほど宿舎は賑やかでした。かれらはバスの回数券を買い求めて、毎日朝早くから夕方までシドニー観光を満喫したようです。その後、姪はフランス人と結婚し、現在はニースに住んでいます。若い人たちには、日本が地球のほんの一部分のように思えるのでしょう。

海外出張といえば2004年3月、大手家電メーカーの委託研究を行うプログラムの一環として、アメリカ・シリコンバレーにあるベンチャー企業やスタンフォード大学を訪問したことがあります。ちょうど、私が還暦を迎えた誕生日でした。そこで、同行していた京都大学大学院経済学研究科の日置弘一郎教授、徳賀芳弘教授、澤邉紀生助教授（現・教授）、椙山泰生助教授（現・教授）がカリフォルニアワインで私の還暦を盛大に祝ってくれたことを忘れません。

- 松村勝弘（立命館大）
  - 牧田正裕（立命館ＡＰＵ）
  - 飛田　努（福岡大学）
  - 田中　伸（滋慶医療科学大学院大学）
- 酒井治郎（立命館大）
  - 林　兵磨（常葉学園浜松大）
  - 多賀寿史（琉球大学）
- 上總康行（名城大学→京都大学）
  - 木下和久（福井県立大学）
  - 松田康弘（東北大学）
  - 佐久間潔（修文大学）
  - 林　淳一（名古屋学院大学）
  - 桐畑哲也（立命館大学）
  - 潮　清孝（中京大学）
  - 衣笠陽子（滋賀大学）
  - 篠原巨司馬（福岡大学）
  - 吉川晃史（熊本学園大学）
  - 浅田拓史（大阪経済大学）
  - 足立　洋（九州産業大学）
  - 飛田　努（福岡大学）
  - 佐藤浩人（立命館ＡＰＵ）
  - 丸田起大（九州大学）
  - 篠田朝也（北海道大学）
  - 柊　紫乃（山形大学）
- 長谷川卓三
- 星野優太
- 西崎雅仁
- 森　哲彦
- 稲見　亮
- 岩田市利
- 渡辺喜久
- 奥村陽一（立命館大）
  - 種子田穣（立命館大学）

筆者が記憶する範囲で作成したもの。

京都大学会計学派系図

- 蜷川虎三（京都大→京都府知事）
  - 岡部利良（京都大学）
    - 河合信雄（立命館大）
  - 岡本愛次（滋賀大学）
    - 酒井文雄（関西大）
    - 高寺貞男（京都大）
      - 醍醐　聰，西川　登，小野武美
      - 山本昌弘，澤邉紀生
    - 津守常弘（立命館大→九州大）
      - 本田英夫，丑山　優，稲田勝幸
      - 佐々木利充，徳賀芳弘
      - 戸田龍介，齋藤久美子
      - 森美智代
    - 野村秀和（京都大）
      - 森川　章，田井修司，齋藤雅道
      - 奥村陽一，藤井秀樹
      - 櫻田照雄，藤井　深，佐野哲也
      - 金森絵理
    - 阿部亮耳（京都大）
    - 上古　融（京都経済短期大）
    - 西村　明（九州大）
      - 大下丈平，北村浩一，平井孝治
    - 中居文治（名古屋市立大→京都大）
      - 富田知嗣，宮本幸平，池田幸典
    - 西田　博（立命大→大阪市立大学）
      - 上總康行

コラム④

「多数説」と「少数説」

かつて地球は宇宙の中心にあって制止しており、すべての天体が地球の周りを公転しているという天動説が多数説でした。16世紀になってコペルニクスが太陽を中心に地球を含む惑星が公転しているとする地動説を提唱しましたが、地動説の弱点や欠点が指摘され、宗教的な問題もあって、しばらく少数説に甘んじていました。17世紀になって望遠鏡が発明され、ガリレオ・ガリレイやヨハネス・ケプラーによって地動説の弱点や欠点がほぼ解消され、地動説の優位が明らかとなり、やがて天動説にとって代わって地動説は多数説となりました。現在では、天動説を唱えるものはほとんどいません。

社会科学に関する研究では、自然現象を研究対象とする自然科学とは異なり、無限とは言わないまでも、社会現象を論理一貫性でもって説明する理論はいくつも存在します。このため、論理展開が正しいか否かではなく、どれだけ説明能力があるかで否かで理論が評価されます。他の学説と比較して説明能力が比較的高い場合には、多くの人から支持されて多数説という地位を獲得します。しかし逆に言えば、支持する人が多ければ、それだけ説明能力が高いとみなされて多数説が決まることにもなります。どこの世界でも、新説はなかなか認知されません。「出る杭は打たれる」というのは、会計学の世界でも存在しています。

管理会計の領域で例を一つ紹介しておきましょう。管理会計は、複式簿記を基礎として、原価計算、予算、標準原価計算、直接原価計算、CVP分析、資本予算などの管理会計技法を組み込んで経営管理を支援する管理会計システムとして発展してきました。1950年代に入って、管理会計の体系論が議論されるようになり、1956年、アンソニーの計画会計と統制会計説、1963年には、ベイヤーの意思決定会計と業績評価会計説が提唱され、1965年には、再びアンソニーが経営管理の重層化に着目して、戦略的計画設定（strategic planning）、総合管理（management control）、現業統制（operational control）という経営管理のフレームワークを提唱しました。アンソニーがこのフレームワークに基づく管理会計の体系論を提唱しなかったこともあって、日本だけではなく、世界的にも、ベイヤーの体系論が多数説を堅持しています。1993年、私は、アンソニーの経営管理のフレームワークを借用し、内容を換骨奪胎して、戦略的計画会計、総合管理会計、現業統制会計という重層的管理会計論を提唱しました。提唱者としては、現代企業の管理会計に対する説明能力は高いと思われるにもかかわらず、門下生を除いて、支持する研究者は少なく、現在もなお、少数説に甘んじています。地動説の提唱者コペルニクスを思いながら、歴史が証明してくれるだろうと期待しています。

第7章

日本の管理会計を世界へ向けて発信する！

総理大臣から公認会計士の試験委員を拝命

京都大学を定年退官するに際して、当時、福井県立大学教授・中居文治氏（京都大学名誉教授）から再び、

「研究環境が整っている大学だから、来ないか？」

というお誘いがあり、退職後の2007年4月には日本海に面した越前・福井にある福井県立大学に経済学部教授として着任しました。この大学は経済学部、生物資源学部、看護福祉学部の3学部（現在は海洋生物資源学部が増設されて4学部）と大学院を擁する県立大学として1992年4月に開学した比較的新しい学問の府です。

当時、京都大学工学部教授であり、著名な建築家でもあった川崎清氏が設計したキャンパスはJR福井駅から10キロほど離れた九頭竜川の河川敷にあり、白と四角形を基調とする建物群と、すべての建物を結ぶ回廊が設けられているのが特徴です。学生数は2014年度で1642人。小規模ながら、「就職に強い大学」として、雑誌ランキングなどにもしばしば取り上げられています。

京都大学の2倍はあろうかという、ゆったりとした研究室からは、緑の芝生に覆われた広いキャンパスを見下ろすことができ、私が赴任した頃は、「ここは女子大か？」と錯覚するほどに女子学生の姿が目立つ大学でした。

この大学へは単身赴任でしたので、福井市三郎丸の県立大学三郎丸公舎に入居。気分のいい夜には白山連峰から流れ出る水でつくった越前の地酒と日本海の地魚で一杯やりながら、大学の研究室と公舎の一室を根城にゆったりとした研究生活を送り、週末には京都の留守宅に帰るというライフスタイルを思い描いていたのですが、現実は超多忙な日常が続き、週末も時間に追われました。

近年、どこの大学も事情は同じですが、大学の教授というのは研究や教育だけでなくいろいろ雑務に時間を取られるようになったのです。

福井県立大学に赴任した翌年の２００８年には、祖田修学長（京都大学名誉教授）から強い要請を受けて、同大学内の地域経済研究所の所長に就任。学内会議への出席と研究所の運営、そして福井県や県内の諸団体の要請を受けて各種委員として奔走することになり、まったく予想もしなかったような多忙な日々が続いたのでした。

しかも、総理大臣から公認会計士の試験委員を拝命しましたので、月に1回は新築された東京・霞が関の金融庁ビル14階にある会議室に通いました。

国家財政難の折から、「これ以上は、地方に新幹線は不要である」という声をよく耳にしますが、福井から在来線の特急に乗って米原まで行き、そこで新幹線の「のぞみ」ではなく「ひかり」に乗り継いで東京へ出張するたびに、「やはり福井まで新幹線の延長が必要だ」などと、心の中でつぶやいたものです。

それ以前から、「日本企業の優れた管理会計実務を理論化して、それを世界へ向けて情報発信したい」という強い思いに駆られ、私の後任である澤邉紀生教授と歩調を合わせて、多くの企業のご理解とご協力を得て聞き取り調査を実施。理論化に向けて研究を続けていました。これは、私のライフワークとも言える仕事です。

地域経済研究所の所長に就任してからは、必然的に福井の企業の経営者の方々とお話する機会が増えましたので、福井の地でも複数のリサーチサイトを確保したものです。セーレン株式会社、日華化学株式会社、福井キヤノン事務機株式会社、アイテック株式会社、株式会社アイジーエー、サカセ化学工業株式会社、酒井化学工業株式会社、井上商事株式会社、株式会社カズマなどには、たびたびの聞取調査をお願いしました。とりわけ、株式会社カズマの数馬國治氏には、アメーバ経営の導入プロセスを調査するために格別の便宜を図っていただきました。

日本の管理会計は、日本からの情報発信が少ないこともあって、欧米に比べるとまだまだスポットを浴びていませんが、実は、実務面では諸外国に決してひけをとらない優れた管理会計が実践されています。それを理論化して、世界に向けて発信したいと願うのは、研究者としての必然だと思います。

その夢が一歩前進したのが、公益財団法人『メルコ学術振興財団』（本部・名古屋市中区）の設立です。

私は、２０１２年に福井県立大学を定年退官した後、メルコ学術振興財団の代表理事に専任することになり、現在に至っていますが、そのきっかけとなったのは、実は、福井県立大学の前任である京都大学教授時代の、牧誠氏（現・株式会社メルコホールディングス代表取締役会長）との出会いでした。

メルコ学術振興財団の設立へと進んだ牧誠氏との出会い

私が京都大学の経済学部教授を務めていた頃、2回生の入門ゼミに牧寛之君（現・株式会社メルコホールディングス代表取締役社長）という学生が入ってきました。自己紹介のとき、彼がパソコン周辺機器メーカーとして成長を続けている「バッファロー」の創業者である牧誠氏の長男だということを知りました。私自身、パソコンに関心があったこともあって、彼を通じて株式会社バッファローに経営実務や管理会計実務の聞き取り調査をお願いしました。

同社への聞き取り調査は3年かけて実施しましたが、当然、株式会社バッファローの創業者である牧誠社長にもお会いして聞き取りを行いました。夜には、懇親会で盛り上がったこともあります。

ある日、牧社長に、

「日本では、理系分野の研究はすでにキャッチアップを終えて、独自の研究をしているのに対し、日本の管理会計研究はいまだ欧米のキャッチアップを抜け出せないでいる」

という実情をお話しました。しかも、

「日本の企業の実践に基づいてアメリカの研究者が理論化し、これを日本の研究者たちが受け入れて、日本企業に紹介している」

「たとえば、ハーバード大学のキャプラン教授（Robert S. Kaplan）などが提唱しているサプライチェーン・マネジメント、価値連鎖分析、組織間管理会計、バランスト・スコアカード（Balanced Scorecard：BSC）などは、いずれも日本企業の実践を理論化したものです」

そんな構図も説明しました。

実際、日本の管理会計をアメリカから逆輸入しているというのが現状なのです。本来は、日本の企業の管理会計実務を日本の研究者が研究して、これを理論化して世界へ発信するというのが、あるべき姿です。

私の「日本の管理会計を世界へ」という考え方に、牧社長は大いに共感された様子で、

「そのためには、何が必要か？」

と、問いかけて来ました。私は即座に、

「研究者の数とお金です」

シンガポールにてゼミ生らと（写真左が現・株式会社メルコホールディングス代表取締役社長の牧寛之君）。

そう答えました。

そのときのやりとりがきっかけとなり、やがて公益財団法人『メルコ学術振興財団』の設立へと進んでいくことになったのでした。

管理会計学の普及と発展に寄与する助成事業と研究成果普及事業

株式会社バッファローは、株式会社メルコホールディングス（名古屋市中区）の子会社という形をとっています。『メルコ学術振興財団』は、メルコグループの創業30周年を記念する社会貢献事業として、私が京都大学を定年退官する直前の2007年3月16日に設立されました。当時、株式会社メルコホールディングスの代表取締役社長でもあった牧誠氏とそのご家族、さらにメルコグループ各社から寄付していただいた株式及び現金を財源として、財団は運営されました。当初、文部科学省を主務官庁とする財団法人として設立されましたが、2011年4月1日、総務省の公益認定を受けて、現在の公益財団法人になりました。財団の行動指針は、ズバリ、『日本の管理会計を世界へ！』です。私は設立当初から代表理事を務めていますが、財団の設立趣旨（部分抜粋）は以下の通りです。

「日本企業はこれまで優れた経営者に率いられて、グローバル市場において外国企業を圧倒する競争優位性を獲得してきた。とはいえ、いくら優れた経営者であっても、すべての経営領域を担当することは困難であり、また経営者も生きた人間である限り永久に経営を担当できるわけではなく、やがて世代交代を迫られる。ここに経営者個人の経験や知恵やカンに頼った経営ではなく、それらにあまり依存せずに合理的な経営を可能にする管理システムがこれまで以上に必要となる。合理的な経営に必要な管理会計は、そうした管理システムの中核を担っている。

日本における管理会計学の研究は、これまでアメリカ管理会計学をより深く理解し、多くの教育機会を通じてそれを日本企業へ普及するというキャッチアップ戦略をとってきた。実際、優れた日本企業では、ほとんど例外なく優れた管理会計実務が展開されており、独自の管理会計技法を開発した企業も少なくない。しかしながら、管理会計学のすべての分野においてほぼキャッチアップが終了した現時点において、日本の管理会計学研究が目指すべき方向は日本独自の理論を展開するという目標へ向けて研究戦略を転換することであろう。

もちろんアメリカなど海外の最先端研究に今後もなお十分配慮することは必要であるが、より重要なことは、日本の管理会計学の研究対象を日本企業の管理会計実務に移すことである。そこはまさに解決すべき管理会計問題が頻発する会計最前線である。多くの管理会計研究者がそれと対峙して、管理会計研究を積極的に展開するならば、疑いもなく、やがて日本から世界に向けて独自の管理会計理論が多数提唱されることになるだろう」

以上紹介した趣旨に基づき、メルコ学術振興財団は次のような活動をしています。

【助成事業】

日本企業で実践されている管理会計実務（特に管理会計技法、管理会計システム、事業継承システム、及びそれらに関連するシステム）を研究対象とし、その理論化を目指す研究に対する助成を通じて、管理会計学の発展と普及、さらには我が国の学術及び文化の向上発展に寄与することを目的としています。

◆研究助成

日本企業で実践されている優れた管理会計実務の定式化、または理論化を行う研究に対する助成を行っています。

◆国際研究交流助成

海外で開催される学会等における学会発表、海外における大学等の研究機関への短期派遣や中期派遣、海外の研究機関に所属する優れた研究者の学術招聘に対する助成を行っています。

◆出版助成

出版事情が厳しい折から、研究者が長年の研究成果をまとめて専門書として出版することがかなり難しくなってきました。そこで財団では、管理会計学及び関連領域の研究成果の出版に対する助成を行っています。

【研究成果普及事業】

管理会計に関する国内外の最新の研究成果の発表・紹介を通じて当財団の助成研究成果を公表し、広く社会に還元し、啓蒙をはかるとともに研究者の利便をはかり、また研究者の裾野を広げることで、管理会計学の発展と普及に貢献し、我が国の学術及び文化の向上発展に寄与することを目的としています。

◆機関誌

管理会計学に関する最先端の研究成果を取りまとめた専門機関誌『メルコ管理会計研究』を年2回発行しています。研究助成を行った研究者の方々の研究成果をはじめ、一般応募も含めて、優れた管理会計実務に関する論文や実務家論文、外国研究者の論文等を数多く掲載しています。

◆セミナー

管理会計の知見を広く社会に啓蒙するために、管理会計に関心を持つ研究者、実務家、学生等に向けたセミナーやシンポジウムを開催し、当財団が助成した日本の優れた管理会計実務に関する研究成果の公表、及び内外の優れた研究者を招いての講演等を行っています。

◆管理会計ライブラリー

管理会計に関する内外の書籍を収集・整理・保管しております。管理会計に関心を持つ研究者、実務家、及び学生に向けて財団所有の書籍を貸し出しています。

私は、学生たちにはいつも、人生は有限であること、人生は自分で歩まねばならないこと、そして学生諸君はその人生の4分の1の地点を通過中であること、その後の人生は自分で切り開いていかねばならないということを言ってきましたが、実は私自身の人生もまだまだ通過点にあります。

管理会計学の研究には終わりが見えないのです。

身体と頭が動く限り、管理会計の研究と、メルコ学術振興財団の仕事を続けたい。そして、自分の人生は自分で切り開いていこうと思っています。

それでも、たまに京都・鳴滝の自宅に戻り、ゆるりと嵯峨野を散策して四季の移ろいを五感で味わいながら、自分の半生を振り返る時間を持ちたいと願っています。

中国の天津電気街にて牧誠氏（現・株式会社メルコホールディングス代表取締役会長）と。

回り道も寄り道も結局は、人生の「糧」となる

人生に「たら」や「れば」はないということは百も承知ですが、それでも自分の人生を振り返るとき、「あのとき、こうしていたらどうなっていただろう?」と自らに問いかけることはあります。

私の半生の中でも最大のターニングポイントは、やはり、大学院入学のために9年9ヵ月間勤務した日本電池を退職したときでした。あのときはまさに『青年は荒野を目指す』や『見る前に跳べ!』の心境で、背水の陣を敷いた決断でした。あの決断がなければ、管理会計学研究者としての私はいません。

大学院に入学した後はひたすら研鑽を積む日々でしたが、その結果として日本会計史学会から学会賞を授与され、京都大学からは「経済学博士」の称号を授与されました。しかも京都大学からスカウトされて、京都大学教授となる機会を頂戴し、多くの公認会計士、企業の会計人、大学研究者たちを育てることができました。

本来が楽観主義者なので、自分の人生を後悔したことはありませんが、ときとして「たら」「ればば」と、想像するのは、日本電池入社2年目にして東京支店に転勤になったときの、自分の身の処し方です。私としては、半年後に京都へ戻って立命館大学理工学部二部に入学することだけを考えていました。

上司には、「東京にも優れた大学がいくつもあるぞ」という助言をいただいたのですが、私には東京の大学にはまったく関心がありませんでした。井の中の蛙だったということです。いまにして思えば、早稲田や慶應の二部に入学するという選択肢もありました。それこそ思い切って日本電池を退職し、もっぱら大学生としての学生生活を送るという選択肢もありました。そして東京で、かぐや姫の『神田川』の歌詞を地で行くような生き方をすることもできたはずです。

しかし、当時はそこまで知恵が回らなかった。というより、居心地のいい日本電池から、厳しい社会へ巣立ちするのをためらったというのが本当のところです。

その後、どん底時代も味わいました。

前述の通り、大学院博士課程を3年間で修了するはずだったのですが、力不足で就職がかなわず、いわゆる「オーバードクター」を1年間にわたって経験することになりました。このときすでに妻子持ちの身だったため、経済的にはまさにどん底でした。

妻の両親にはずいぶん助けていただきました。

また河合信雄先生には、大学や専門学校の非常勤講師や民間会社での簿記の講師の仕事を紹介していただきました。仲人の田中千秋氏には「奨学金」を提供していただきました。多くの方々の援助を受けながら、オーバードクターは1年間だけで終了しましたが、いま振り返ってみると、あのときが一番つらかった時代です。

「結局、学者・研究者が向いていたんだな？」

そう問われても、私には答えようがありません。

あのまま日本電池に残っていれば、髪の毛をかきむしりたくなるような思いや、赤い小便が出るような思いを味わわないまま、それなりのポジションにつけていたのかもしれませんし、むしろそちらの道の選択のほうが自分に向いていたのかもしれません。

学者・研究者といえば、遠い世界のように感じられる方も多いと思われます。誰でもなれるとは申しませんが、一定の知力があれば、そして「志」と自分の人生は自分で切り開くという覚悟があれば、学者・研究者になるのは不可能なことではありません。そしてもう一つ、学者になるには体力が必要です。私が研究者としての激務をこなすことができたのも、両親が丈夫な体に育ててくれたことに加えて、草野球や自転車通勤を通じて養った体力があったからだと思っています。求められるのは、まさに、文武両道。学者と聞けば、象牙の塔にこもったひ弱なタイプをイメージされる方が多いかもしれませんが、それとはまったく異なるタイプの学者もいるというわけです。

私は、いわばサラリーマン経由の学者ですから、同輩たちに比べるとずいぶん回り道をしたことになります。それが悔恨の一つであると同時に、誇りでもあります。名城大学商学部教授時代も、そして京都大学経済学部の時代も、私のゼミは「人気ゼミ」の一つでした。京大時代は定員8名のところに30～40名もの応募があり、絞り込むのに一苦労でした。中には、「現場上がりの教授らしい。この人、どういう人なんだろう？」という好奇心で応募してきた学生も多かったのではないでしょうか？

また、管理会計というライフワークにたどり着いたのも、恩師の指導もさることながら、現場体験があったからだと思っています。

そう考えると、回り道も寄り道も、横道にそれることも、そしてさまざまな失敗も、決して無駄にはならない。むしろ人生の「糧」となることが多いということになります。やはり、人生に「たら」や「れば」はないのです。

第8章

会計学は、やっぱりおもしろい！

数字は生き物。だから、管理会計はおもしろい！

世の中には数学嫌いの方も少なくないようで、「会計学」「簿記」などという言葉を耳にすると、それだけで細かい数字やチャートが目の前を飛び交って、「めんどくさい」「頭が混乱する」とアレルギー反応を起こしそうになる方もいらっしゃるのではないでしょうか？

その分野のプロである公認会計士のイメージといえば、「数字に強い」「地味」「眼鏡をかけたガリ勉タイプ」「机の上には書類のタワー」といったところでしょう。これは、『会計学』という堅苦しい日本語の響きがもたらす負のイメージなのかもしれません。

私はいままでに立命館大学、名城大学、京都大学、福井県立大学など複数の大学の教壇に立ち、教え子の多くが公認会計士の資格を取得していますが、その顔ぶれを思い浮かべてみると、実に多士済々です。

年中白いシャツにグレーか紺色のスーツしか着ていないような堅い外見の者もいますし、爽やかなアスリートタイプもいます。尖った印象のラディカル派もいますし、人当たりのいい穏健派もいます。公認会計士といえども、そのあたりは、皆さんのオフィスで働くスタッフの色合いと大きな違いはありません。

そして、実は、その仕事内容も非常に多彩なのです。

会計学は、「財務会計」と「管理会計」の2種類に大別されます。

財務会計というのは、皆さんもよくご存知のように、決算書中心の会計のことです。会社に資金を提供してくれる株主や債権者、あるいは投資家のために作成され、開示（ディスクローズ）される決算書は、あくまでも過去の状況を数値化して報告するもので、客観性を重視するため、作成・報告の手順は一定のルールによって細かく定められています。いわば、「静」の会計だといえるでしょう。

一方、「動」の会計とでも形容すべき存在が管理会計です。

こちらは、財務会計で集めたデータに基づいて、さらに独自に工夫した情報を取り扱って、経営者やマネージャーが企業を運営する上でより利益があがるように情報に加工を施した会計のことです。英語でいえば、マネージメント・アカウンティング（management accounting）。お気付きのように、「経営者が展開する経営を支援するための会計」「マネージャーがより増益をはかるのを支援するための会計」というべきものです。

管理会計という言葉にはなじみが薄い方も多いと思われますが、決算書中心の会計＝財務会計から2歩、3歩と離れることで、ビジネスをより広範な視野で俯瞰しようというものです。皆さんもよくご存知のピーター・ドラッカー（Peter F. Drucker）は「経営学」の旗手とでも形容すべき存在ですが、その経営学を会計情報で支援するのが管理会計学とも言えるでしょう。

私の専門は「管理会計」ですが、その分野を極めれば極めるほど、数字は生き物であるということを実感します。そして、生き物を相手にする研究ほどおもしろいものはありません。

では、具体的にはどんなことをするのか？

マネージメント・アカウンティング、すなわち管理会計とは何かをお伝えするにあたり、「コーヒー1杯の原価」をテーマに選んで、話を進めましょう。

大学で得た知識も
現場で生かされなければ意味はない！

工場を例にとれば、原材料や労働力、機械、設備、さらに電気・ガス・水道といった経済的資源を生産工程に投入し、それらを消費して製品という産出物（経営給付）を得ますが、このとき消費される経済的資源の貨幣的価値を「原価」と呼びます。それは管理会計の基本の「キ」です。しかし、製品を生産しただけでは利益は実現しません。市場で顧客に買っていただく必要があるからです。顧客のニーズに合った製品を生産し販売すれば、高い価格で多くの人に買っていただけます。その結果、「売上高－原価＝利益」という損益計算を通じて大きな利益を得ることができます。管理会計の「ホ」であり「ン」というわけです。

京都大学大学院経済学研究科の教授をしていた頃、公認会計士を希望する複数の学生がいた私の学部ゼミでは、「将来の公認会計士」を視野に入れて、原価計算論のテキストを必ず一冊精読することを義務付けました。

京大の経済学部にまで進むような学生たちですから、原価計算の計算メカニズムは理解できますが、問題はその先にあります。

知識として習得した原価計算論も、現場で生かされなければ意味はない！

というのも、ゼミの学生のすべてが公認会計士を目指しているわけではないし、企業に就職しても、経理部門に配属されるとは限りません。すべてのゼミ生に求められるのは、テキストで得た会計情報（売上高、原価、費用、利益、資産、負債、資本など）を経営管理にうまく利用できるかどうかということ。つまり机上の空論では意味がないということです。

くり返しお伝えしているように、私自身、象牙の塔に架けられた階段を一段ずつ上って研究者になったわけではありません。

スタートは工場で働きながら夜間大学で学ぶという勤労学生でした。つまり、現場の仕事を通じて管理会計の面白さに魅せられたわけです。

そのキャリアもあって、ゼミの学生たちには現場を踏ませたいと思いました。そして製品原価を実際に計算し、それを実際に使ってみること、これこそ私がかねてから実践したいと思っていた会計教育だったのです。

私は毎年、3回生の学生たちをいくつかのグループに分けて、製品の原価を実際に計算してみるよう指導しました。

そのためには、原価計算のための基礎データを提供してもらえる企業の協力が必要です。といっても、学生たちにとってはこの作業は想像以上に困難なことでした。

やりがいからすればメディアに頻繁に登場するような有名企業に協力を願いたいところですが、そうした企業は「企業秘密」の壁に阻まれて実現はまず不可能です。また、これらの企業が生産する製品は総じて部品や工程が多く、素人同然の学生たちではとても太刀打ちできません。

「どんな企業に協力をお願いするか」という議論の段階では、鉛筆、ホチキス、消しゴムといった事務用品、あるいはとうふ、うどん、そば、八つ橋といった食品など、学生の生活に密着した製品が俎上に乗せられました。

素人同然の学生たちが、それらの企業に正面からぶつかっていっては次々に厚い壁に阻まれ、結果的に実現したのは、学生たちのアルバイト先の企業でした。

以下に紹介するのは、1997年に提出されたゼミ単位論文の一つで、「コーヒーの原価計算」をテーマにしたものですが、その舞台となったのは、ゼミのある学生が2年以上もアルバイトをしていて、いわば「店長」として切り盛りしていたコーヒー店です。

137円を400円で売るブレンドコーヒーは果たして、もうかる製品なのか？

そのアルバイト学生は、材料の仕入れからコーヒーの抽出、経費の支払いまで何でもこなしていたこともあり、オーナーは「会計教育の一環に」という条件で、伝票や帳簿類を自由に見せてくれることになりました。言うまでもなく、これらの交渉はすべて学生たちの主導。私はアドバイスしただけです。

そのコーヒー店の概要は以下の通りです。

◆所在地：大阪市某所
◆営業日：年中無休
◆営業時間：24時間営業
◆店舗面積：26坪（85・88㎡）
◆従業員：社員2名、アルバイト12名
◆客層：学生、会社員、主婦（20代後半〜50代）
◆商品構成：コーヒー19品目、その他飲料18品目、軽食40品目
◆経営形態：チェーン店

調査にあたったのは、アルバイトをしている学生を含めて計3名の学生です。夏休みを利用して頻繁にコーヒー店に出入りし、さまざまな情報を入手しました。

大量の伝票を大学の研究室に持ち込み、パソコンで処理をしたり、あるいは原価計算論のテキストを開いて熱心に議論をしたり、まさに私が望んでいたフィールドワークがスタートしたのでした。

学生たちはまず手始めに、このコーヒー店の定番メニューである『ブレンドコーヒー』の原価計算を行いました。参考までに、条件は以下の通りです。

◆仕掛品は存在しない
◆単純総合原価計算を採用する
◆仕損や減損は存在しない

要するに、ブレンドコーヒーだけに特化して（単純総合原価計算）、抽出の途中にあるコーヒー（仕掛品）や、抽出に失敗したコーヒー（仕損、減損）などは存在しないと仮定して原価計算を行ったわけです。

ただし、同じ厨房でブレンド以外のコーヒーやサンドイッチをはじめとした多数の品目が作られるので、厳密に言えば「組別総合原価計算」ということになります。

ともあれ、学生たちが計算したブレンドコーヒーの製品原価は1杯当たり137・3円でし

た。（表1参照）

この店では、このブレンドコーヒーを1杯400円で客に提供しています。137・3円と400円。数字だけを比較すれば、ブレンドコーヒーはなかなかにもうかる製品だということになります。

表1

直接材料費	79,380円
直接労務費	55,798
直接経費	8,175
製造間接費	92,192
	235,545円
総生産量	1,716杯
製品原価	137.3円／杯

ブレンドコーヒー1杯137・3円の背景

表①の内容に説明を加えておきましょう。

◆直接材料費

直接材料費としては、チェーン店本部から購入するコーヒー豆だけを計上しています。

・コーヒー豆（200g）

・588円×135パック＝79,380円

また学生の単位論文によると、

「実際には水、フレッシュ、砂糖などが考えられる。しかし水の原価は限りなく小さく、フレッシュ、砂糖は使わない人もいるので無視する」

となっています。

たしかに、コーヒーカップ1杯に入る水の量は100cc程度であり、これは無視してもいい経済的資源でしょう。

水道料金はかかっています。しかし、洗い物に使用する水の量や、客一人が1回のトイレで使う水の量に比べると微々たるもので、それは製造間接費として処理されています。

◆直接労務費

このコーヒー店は厨房と客席からなっています。それぞれの持ち場でスタッフが労働を提供していますから、総人件費を「製造費」と「販売費」に2分し、さらに製造費を直接費と間接費に分けています。比率はいずれも50％。

その計算式は以下の通りです。

コーヒー店の直接労務費＝総人件費×50％×50％＝1,451,180円×50％×50％＝362,795円

ブレンドコーヒーの直接労務費＝362,795円×15.38％＝55,797.9円

比率をいずれも50％にしたことについて、学生は単位論文で次のように説明しています。

「綿密な調査の結果、従業員は製造・販売ともにほぼ同じ割合で従事しているので、製造にかかる人件費は72万5590円となる。そのうち実際の調理に要する時間が半分を占め、厨房の

掃除などの間接作業が半分を占めている。よって直接労務費と間接労務費は共に月額約36万２７９５円となる」

次は、ブレンドコーヒーの抽出に要した直接労務費の計算です。

学生たちの綿密な調査の結果、１杯のコーヒーを抽出する時間は平均２分でしたので、この平均作業時間を基準にして直接労務費を算出しています。

総作業時間＝31日×24時間×60分×50％＝22,320分

ブレンドコーヒーの直接作業時間＝２分×1,716杯＝3,432分

直接作業時間の割合（分担率）＝3,432／22,320＝15.38％

したがって、ブレンドコーヒーの直接労務費は、厨房で発生する直接労務費の15・38％を負担すればいいことになり、その額は５万５７９７・９円となります。

◆直接経費

レギュラーカップ&ソーサー費=@16,350×3ダース/6ヵ月=8,175円

ブレンドコーヒー専用の「レギュラーカップ」と「ソーサー」があり、一度に3ダース仕入れて約6ヵ月で消耗していますので、これを直接経費として計上しています。

◆製造間接費

この項目に関しては、表2を参照してください。

間接経費の中でも「家賃」「空調メンテナンス」「電気料金」には、それぞれ12・6%の配賦率が使われていますが、これは、店舗面積に占める厨房の割合(10.8㎡/85.88㎡=12.6%)です。

これら製造間接費の合計額である64万6058円の中から、ブレンドコーヒーが負担すべき配賦額を決定することになるわけですが、配賦基準には売上数量基準を採用し、次のように計算されました。ちなみに「配賦」とは費用の配分という意味で、原価計算する上では避けて通れない用語です。

間接費配賦率＝ブレンドコーヒー売上数量／総売上数量＝1,716／12,023＝14.27％
ブレンドコーヒーの間接費配賦額＝646,058円×14.27％＝92,192円

ここでいう総売上数量（1万2023杯）は、コーヒーだけの数量ではなく、コーヒー店のすべての売上数量です。学生たちの調査によれば、紅茶やジュースなどの飲料、サンドイッチなどの直接作業時間もほぼ2分程度だったため、このようにしたということです。

その結果、ブレンドコーヒー1杯の製品原価は「137・3円」と計上されたわけです。

指導者の立場からいえば、この単位論文にはいくつかの問題点があります。

水に関しては、水道料金の全額4万9119円が製造間接費として処理されており、トイレで使用する水もこの中に含まれています。それらを測定するのは困難がともないますが、やはり販売費としての水と、製造間接費としての水は区分して処理すべきでしょう。

フレッシュや砂糖は、いわば「購入部品」であり、ブレンドコーヒーという製品の構成部品の一つです。未使用の部品を再利用することがあるとしても、やはり直接材料費に含めるべきでしょう。

表2

①間接材料費（計上せず）	
②間接労務費	1,451,180円×50%×50%＝362,795円
③間接経費	
・家賃（共益費込み）	890,000円×12.6%＝112,140円
・空調メンテナンス	13,125円×12.6%＝1,654円
・電気料金	215,639円×12.6%＝27,171円
・水道料金	49,119円
・ガス料金	51,925円
・設備リース代	35,700円
・スプーン	200×36本／60＝120円（５年間で消耗）
・ドリップペーパー	209×26パック＝5,434円
製造間接費合計	646,058円

直接労務費に関しては、単位論文によると「ブレンドコーヒーにかかる１ヵ月分の実際作業時間の計測は不可能に近い」とされていました。状況はよくわかります。しかし、年中無休で24時間営業という営業時間を分母にして、ブレンドコーヒーの直接作業時間を算出するという手法はやや乱暴でしょう。直接作業時間、手持ち時間、間接作業時間等のより綿密な作業分析や時間分析を行ってみる必要があるはずです。

以上のような問題点はあるものの、こうしたフィールドワークを経験することにより、学生たちは間違いなく会計学の次のステップに進めたはずです。

サンドイッチを食べると「お値打ち感」がある？

ブレンドコーヒーの製品原価を計算した学生たちは、他のコーヒーの製品原価のみならず、このコーヒー店が取り扱う製品原価を、あくまでも自主的に計算し始めました。現場を経験することにより、会計学の面白さに気付き始めたのでしょう。気付きはさらなる意欲を生みます。つまり、ブレンドコーヒーの原価計算がキッカケとなり、会計学の深みにはまり始めたということです。これがフィールドワークのもたらす効用。そして、それこそ、私が望んでいたことです。

たとえば、東南アジアの政治情勢などにはなんの興味もなく、メディアの報道も無視していたような学生が、ひと夏の東南アジアへの旅をキッカケとしてその地域の政治情勢に興味を持ち始め、それまで無視していた新聞報道も熱心に読み始めるようになることがありますが、その分野のいかんを問わず、現場を踏むという体験は、特に若い層には飛躍のキッカケをもたらすのです。

ブレンドコーヒーを通じて、いったん原価計算の方法を習得した彼らは、後の作業は実に素早かったようです。

全品目の製品原価と売価を突き合わせてみると、「もうかる品目」と「もうからない品目」とが一目瞭然になりました。

左ページに紹介した表3は、1997年11月時点における主要品目の原価計算と関連する数値を示したものですが、実は、この表こそ「管理会計」の入口なのです。

なお、表3ではブレンドコーヒーの製品原価は156・8円と計算されており、前述した原価、137・3円よりも約20円コストがかかっている計算になります。その理由は、主として総売上数量が1万2023個から1万355個へと減少したため、それだけ製造間接費の負担が増加したのです。

この店の売れ筋商品はブレンドコーヒーですが、夏場はこれに炭火アイスコーヒーとアメリカンが加わることになります。

それに対して、照り焼きサンド、ミックスサンド、ツナサンドなどのサンドイッチ類は、売上数量が極端に少ない。そして原価率も非常に高いのが特徴です。

表３　主要品目の製品原価・原価率・利益率（1997年11月）

商品名	売上数量	製品原価	販売価格	原価率	粗利益率
炭火アイスコーヒー	1,023個	133.3円	450円	29.6%	70.4%
アメリカン	956	157.5	450	35.0	65.0
ブレンドコーヒー	2,646	156.8	400	39.2	60.8
マンデリンコーヒー	231	224.6	500	44.9	55.1
モカコーヒー	256	144.2	300	48.1	51.9
ウィンナーコーヒー	137	184.1	500	36.8	63.2
カフェオーレ	293	193.6	370	52.3	47.7
照り焼きサンド	70	490.8	500	98.2	1.8
ミックスサンド	154	317.4	500	63.5	36.5
ツナサンド	89	357.8	480	74.5	25.5

それだけではありません。学生たちの計算によれば、販売費は１品目につき２００円と計算されているので、サンドイッチはまさしく「赤字商品」なのです。それでも客に提供されているのは、いわば「客寄せ商品」としての存在だとみなされているのでしょう。

以上のような計算に基づき、学生たちは次のような感想を述べていました。

①コーヒー豆はチェーン店本部から仕入れているが、この仕入原価にはロイヤリティの一部が含まれており、そのため仕入原価がかなり高くなっている。

②コーヒーの製造原価に占める水の割合がゼロに近いことに驚いた。

③アイスコーヒーはもうかる商品であり、サンドイッチはもうからない商品である。客として店に行く場合には、サンドイッチを食べるとお値打ち感がある。

④店舗にかかる多額の諸費用は、製造費と販売費に按分される。もし販売費が発生しなければ、さらにもうけは大きくなる。したがって、厨房だけを持ち、客席を持たない「お持ち帰り弁当」がもうかっているというのはよく理解できる。

⑤原価率が大きく、かつ販売数量の少ないものをよくよく吟味すれば、このコーヒー店はさらにもうけることができる。

こうしたデータを見たコーヒー店のオーナーは、

「過去にこのような原価分析を行ったことがなく、学生たちが計算した製品原価、原価率などの会計データにたいへん興味を持ちました。メニューの再編を考えたいと思います」

ということでした。

初歩の初歩ではありますが、以上紹介した学生の単位論文から、「管理会計」のイメージをつかんでいただけたかと思います。

このような会計教育の概要が『京滋ＣＰＡ会報』（１９９８年10月号）に掲載されましたので、

この論文を読まれた公認会計士で元オムロン株式会社副社長の陣川公平氏から、「学生チームがコーヒーの原価計算に正面から取り組んだ。正面からと言ったのは、『たかがコーヒー一杯』と思わず、喫茶店の仕事全体を、流れで追いかけ、その中からブレンドコーヒーという一品目の原価を、総合原価計算の手順にのせてすくいあげた努力と工夫が、実務家の立場から見ても拍手に値したからである」（『陣川公平　考える経理』日本実業出版社、２００１年）と高く評価していただきました。

また２００３年12月に京都大学で日本会計研究学会関西部会を開催した折に、神戸大学の武田隆二教授からは、「京都大学では、なかなか面白い教育をしている」という主旨の感想をいただきました。

頻繁にメディアに登場する有名企業の管理会計は、会計処理も複雑になり、より高度で精緻な手法が要求されますが、基本はあくまでも「経営管理を支援するための会計」。そのあたりは街のコーヒー店と同じです。

街のコーヒー店といえども立派な一つの企業です。フィールドワークを通じて、学生たちは企業経営に直に接したことのおもしろさを味わったはずで、その思いが次なるステップへのエネルギーとなるはずです。

私が学生として会計学を学び始めた当初は、会計用語などチンプンカンプンで、『日本経済新聞』を読んでも何を書いているのかよくわかりませんでした。ところが、会計用語を一つ、二つと覚えるにつれて、『日本経済新聞』が読めるようになってくるのです。これは、ちょっとした革命でした。そして、いつしか『日本経済新聞』の記事がおもしろいと感じられるようになり、その感動が、さらなる勉学の意欲を後押ししてくれました。つまり、知識の摂取に空腹感を感じるようになったのを覚えています。

知識というのは実においしい食べ物なのです。

開かずの扉の隣には必ず、通用門がある

私は学生たちに「積極的に海外に出向いて、さまざまな国の人々と交流しなさい」と、海外旅行を推奨しています。語学力のブラッシュアップもさることながら、海外に出向くことによって「新たな視線」を醸成することができると思うのです。たとえば、東南アジアやイスラム圏の某国に旅行する。すると、帰国後に、いままで素通りしていた東南アジアやイスラム圏に関する新聞の記事が気になり、関連のニュースを読むようになる。自分が行ったことがある国を身近に感じるわけです。こうして見聞が広がっていきます。これは、私が日本電池で働いていた時代に、自己投資のつもりでコンピュータ関連の専門学校に通った結果、『日本経済新聞』の記事に興味を持つようになった体験と共通するものがあるのかもしれません。

あるいは旅先で立ち寄った古代遺跡のことを知りたくて、図書館通いを始める可能性もあります。そう考えると、特に若い頃の海外旅行というのは自己投資の一つなのです。

それは、前述した「二分の余力」にもつながります。

草野球の投手をしたとき、全力で投球するとコントロールがつかず、打者のどてっ腹にたびたびボールをぶつけてしまいました。やがて八分の力で投げればボールをコントロールできることを覚え、さらに大小のカーブをマスターしてからは、直球との組み合わせによって面白いように三振がとれました。

八分の力、つまり二分の余力。

これは学問の世界にも、そしてビジネスの現場にも敷衍すべき考え方です。

過去と現在の大家を含めて他の学者たちと同じ研究をするだけでは、真の学問ではありません。それに対抗する研究領域、あるいは同じ研究領域であっても、新しい視点を持って新説を見出すのが真の学問であり、それでなくては学問の発展も社会の評価も期待できません。

しかし、まずは直球を思い切り投げ込むようにして、正面から多くの研究者が支持する学説にぶつかっていく。この潔さが必要です。といっても、ぶつかるたびに跳ね返されるのが普通でしょう。学問の世界に名を成した学者の学説は、堅牢なる開かずの扉なのです。幾度となく全力でぶつかり、跳ね返される。それでも「志」を曲げずにぶつかっていく。それを繰り返しているうちに、「二分の余力」のコツが身についてくるはず。一歩引いて、その学説を俯瞰する視線が養われるということです。

すると、その学者の得意、不得意の領域がはじめはぼんやりと、やがてくっきりと見えてくる。堅固な学説の厚いところと薄いところが見えてくるものです。それが、私が繰り返し述べている通用門。開かずの扉の傍らには、必ず小さな通用門があるので、それが見えたなら、「しめた！」とばかりに飛び込んでいくことです。

二分の余力を養うためには、思い切りぶつかっていき、何度も跳ね返されるという失敗体験以外に、広範なる知識の集積や独自の観察眼が必要です。そして、独自の観察眼を養成するためには、「新しい視線」に接する体験をなるべく多く重ねることです。

そのためにも、機会があれば積極的に海外に出向き、さまざまな価値観に接すること。さらに言えば、人を好きになるということも独自の観察眼を養成するには大切なことかもしれません。大学の恩師であれ、会社の上司であれ、「これぞ」と思った人物を、大好きになる。機会をみて大接近をする。教えを請う。そうすることにより、自分とは異なる、そして新鮮に映るはずのその人物の「視線」を吸収できるはずです。

人生は有限です。

そして、自分の人生は自分で切り開いていかねばなりません。

本書の作成準備のために、資料収集、数回にわたるインタビューの収録、テープ起こし、校正などに、浅田拓史（大阪経済大学）、足立洋（九州産業大学）、木下和久（福井県立大学）、佐久間潔（修文大学）、篠原巨司馬（福岡大学）、飛田努（福岡大学）、林淳一（名古屋学院大学）、吉川晃史（熊本学園大学）などの門下生に大変お世話になりました。厚く御礼を申し上げます。

略　歴

上總康行（かずさ　やすゆき）

1944年（昭和19年）3月14日　兵庫県尼崎市で生まれる

I．学歴

1956年3月　京都府与謝郡与謝野町立市場小学校卒業
1959年3月　京都府与謝郡与謝野町立江陽中学校卒業
1962年3月　京都府立宮津高等学校電気科卒業
1968年3月　立命館大学理工学部卒業
1972年3月　立命館大学経営学部卒業
1974年3月　大阪経済大学大学院経済学研究科修士課程修了（経済学修士）
1977年3月　立命館大学大学院経営学研究科博士課程単位取得後退学
1991年3月　京都大学経済学博士（論経博第121号）の学位取得

II．職歴

1962年4月　日本電池株式会社（本社：京都市南区、東証・大証一部上場、現在の株式会社ジーエス・ユアサコーポレーション）入社
1971年12月　大学院進学のため、同社依願退職
1978年4月　名城大学商学部専任講師
1981年4月　名城大学商学部助教授
1989年4月　名城大学商学部教授

1995年3月　名城大学依願退職
　　　4月　京都大学経済学部助教授
1996年4月　京都大学経済学部教授
1997年4月　京都大学大学院経済学研究科教授
2007年3月　京都大学定年退官
　　　4月　福井県立大学経済学部教授、京都大学名誉教授
2010年9月　立命館アジア太平洋大学国際経営学部客員教授（現職）
2012年3月　福井県立大学定年退官
　　　4月　福井県立大学名誉教授
　　　4月　公益財団法人メルコ学術振興財団（本部：名古屋市）代表理事
　　　　　現在に至る

Ⅲ．受賞

1990年6月　平成元年度日本会計史学会　学会賞受賞
2003年9月　平成15年度日本原価計算研究学会　学会賞受賞
2013年9月　2013年度日本管理会計学会　学会賞受賞

主要業績（著作のみ）

1989年　『アメリカ管理会計史』上下巻、同文舘出版。
1991年　『入門MS―DOS―FMR, FM TOWNS版―』ソフトバンク。
1993年　『管理会計論』新世社。
1995年　『入門MS―DOS6．2―FMR, FM TOWNS版―』ソフトバンク。
1995年　『情報処理入門』（岸川典昭氏と共編著）、中央経済社。

１９９７年　『倒産指数』（現代会計カンファランス編〔代表―上總〕）、日本経済新聞社。
１９９７年　『経営科学入門』（平井孝治氏と共編著）、中央経済社。
２０００年　『会計情報システム』（上古融氏と共著）、中央経済社。
２００６年　『次世代管理会計の構想』（澤邉紀生氏と共編著）、中央経済社。
２０１０年　『戦略的投資決定と管理会計』（監訳者）、中央経済社、原著［Northcott, Derly, Capital Investment Decision-Making, Thomson, １９９８］
２０１０年　『アメーバ経営学』（アメーバ経営学術研究会編、分担執筆）ＫＣＭＣ、丸善。
２０１２年　『経営革新から地域経済活性化へ』（中沢孝夫氏と共編著）、京都大学学術出版会。
２０１４年　『ケースブック管理会計』新世社。
２０１５年　『次世代管理会計の礎石』（澤邉紀生氏との共編）、中央経済社。

研究論文

１９７５年９月　「直接原価計算の生成とその機能」『立命館経営学』第14巻第３号。
１９７６年４月　「日本における管理会計の導入と現状」『立命館大学人文科学研究所紀要』第22号。
１９７７年３月　「限界利益概念による短期限界利益管理」『立命館経営学』第15巻第５・６号。
９月　「直接原価会計の教育機能」『立命館経営学』第16巻第３号。
11月　「線型計画法によるＣ・Ｖ・Ｐ分析の拡張」『立命館経営学』第16巻第４号。
１９７９年２月　「アメリカ合衆国における責任会計論の生成（１）」『名城商学』第28巻第２・３・４合併号。
11月　「アメリカ合衆国における責任会計論の生成（２）」『名城商学』第29巻第２号。
１９８０年１月　「アメリカ合衆国における責任会計論の生成（３）」『名城商学』第29巻第３号。
３月　「アメリカ合衆国における直接原価計算の普及」『名城商学』第29巻第４号。
１９８１年３月　「直接原価計算発展の「幕あい」」大阪経済大学会計学研究室編『会計学の基本問題―喜田義雄・北里武三両教授退任記念論文集―』第６章、大阪経済大学会計学研究室発行。

1985年1月「巨大産業会社の管理会計—デュポン火薬会社における先駆的事例—」小林康助編著『アメリカ企業管理史』第5章、ミネルヴァ書房。

5月「計画会計の展開と問題点（Ⅲ）—直接原価計算とその周辺—」辻厚生編著『管理会計の基礎理論』第10章、中央経済社。

5月「アメリカ管理会計史研究の現状と課題（1）—管理会計史の体系的研究のための予備的考察—」『名城商学』第35巻第1号。

9月「アメリカ管理会計史研究の現状と課題（2）—管理会計史の体系的研究のための予備的考察—」『名城商学』第35巻第2号。

1986年3月「1950年代における General Electric Co. の予算管理—参加型予算管理の典型的事例—」『会計史学会年報』第4号（1985年度）。

11月「1950年代におけるアメリカ巨大企業の管理会計実務—モンサント化学会社の事例を中心として—」松村勝弘編著『アメリカ・ドイツ企業会計史研究』第4章、ミネルヴァ書房。

1987年7月「アメリカ初期綿工業における工業会計実務」『名城商学』第37巻第1号。

11月「アメリカ巨大食品会社における短期限界利益管理の展開—直接原価計算実務の典型的事例—」『名城商学』第37巻第2号。

1988年10月「1850年代におけるアメリカ巨大鉄道会社の会計実務—管理会計実務の萌芽—」『名城商学』第38巻第1号。

11月「ルイビル・ナッシュビル鉄道の拡張戦略と会計実務—19世紀末期の鉄道原価計算—」『名城商学』第38巻第2号。

12月「アメリカ巨大軍需会社における長期計画設定の展開—ロッキード航空機会社の事例を中心として—」『名城商学』第38巻第3号。

1991年2月「人間関係管理と管理会計」小林康助編著『労務管理の生成と展開』、ミネルヴァ書房。

1995年12月「成長志向型原価管理の終焉—現代原価管理の動向—」『名城商学』第45巻第3号。

12月「標準原価計算の差異分析と原因分析—管理情報の連携機能—」『経済論叢』（京都大学）第156巻第6号。

1997年3月「現代企業のコスト管理—グローバル企業への酷しい道—」『京都経済短期大学論集』第4巻第2号。

1997年9月　「戦後日本企業における原価管理の軌跡―戦後日本管理会計史序説―」『会計理論学会年報』第10号。

1998年12月　「総合的製品政策の継続と断続―電機産業におけるGEと東芝―」塩見治人・堀一郎編『日米関係経営史―高度成長から現在まで―』第3章、名古屋大学出版会。

1999年12月　「戦略的計画設定と予算管理との結合―戦略的管理会計論に関する一考察―」『経済論叢』（京都大学）第164号6号。

2001年1月　「企業価値創造経営のための管理会計システム―EVA評価法の登場―」『経営研究』（大阪市立大学）第51巻第4号。

2002年9月　「借入金依存型投資計画と回収期間法―会計技法と経営システムとの融合―」『大阪経大論集』第53巻第3号。

10月　「銀行借入と回収期間法―借入金利子を考慮した割増回収期間法―」（堀井悟志氏と共著）『企業会計』第54巻第10号。

2003年3月　「借入金利子を考慮した割増回収期間法―回収期間法の再検討―」『原価計算研究』第27巻第2号。

3月　「管理会計実務の日本的特徴―銀行借入と投資経済計算を中心に―」『経理研究所紀要』（東北学院大学）第11号。

4月　「日本的経営にビルトインされた管理会計技法―ハイブリッド型日本的管理会計―」『企業会計』第55巻第4号。

9月　「資本コストを考慮した回収期間法―割引回収期間法と割増回収期間法―」『管理会計学』第12巻第1号。

2005年7月　「京セラのアメーバ経営と利益連鎖管理（PCM）」（澤邉紀生氏と共著）『企業会計』第57巻第7号。

2006年5月　「次世代管理会計のフレームワーク」（澤邉紀生氏と共著）上總康行・澤邉紀生編『次世代管理会計の構想』第1章、中央経済社。

5月　「京セラアメーバ経営と管理会計システム」（澤邉紀生氏と共著）上總康行・澤邉紀生編『次世代管理会計の構想』第8章、中央経済社。

2007年1月　「村田製作所のマトリックス経営と管理会計―正味投資利益計算と割引回収期間法―」（浅田拓史氏と共著）『企業会計』第59巻第1号。

3月　「京セラの大家族主義経営と管理会計―アメーバ経営と時間当たり採算―」『管理会計学』第15巻第2号。

2008年2月　「新日本製鐵株式会社における設備投資管理―割引回収期間法に基づく投資経済計算―」（堀井悟志氏との共著）

『企業会計』、第60巻2号。

3月　「GMと京セラの管理会計比較研究」『立教経済学』第61巻第4号。

3月　「総合繊維メーカー『セーレン』の戦略目標管理システム」（足立洋氏及び篠原巨司馬氏と共著）『福井県立大学経済経営研究』第20号。

11月　「日本電産の成長戦略と管理会計」（吉川晃史氏と共著）『企業会計』第60巻第11号。

２００９年３月　「日本企業の国際移転価格の設定に関する実態調査―海外現地法人の業績評価と移転価格税制の側面から―」（李璟娜氏と共著）『メルコ管理会計研究』第2号。

２０１０年１月　「京瓷大家族主義経営与管理会計―稲盛経営管理方式和単位時間核算制度―」（李璟娜・馮巧根訳）『上海立信会計学院学報』第24巻第1号、２０１０年第１期。

3月　「機会損失の創出と管理会計―京セラとキヤノン電子の事例研究から―」『企業会計』第62巻第3号。

11月　「アメーバ経営の仕組みと全体最適化の研究」アメーバ経営学術研究会編『アメーバ経営学―理論と実証―』第2論文、KCCSマネジメントコンサルティング、丸善。

２０１１年３月　「京セラのアメーバ経営の仕組み―機会損失の創出と全員参加経営の視点から―」『セミナー年報２０１０』関西大学経済政治研究所。

3月　「キヤノン電子の経営改革と管理会計―コントロール要素間の動的関係性について―」（浅田拓史氏・足立洋氏と共著）『原価計算研究』第35巻第2号。

２０１２年３月　「日本企業の設備投資と回収期間法―割増回収期間法と投資損益分岐図の提唱とともに―」『福井県立大学経済経営研究』第26号。

8月　“The Development of Accounting Calculations as a Chronological Network Effect: Growth Rings of Accounting Calculations,” co-author Sumitaka Ushio, *Journal of Accounting & Organizational Change*, Vol.9-4

9月　「地域経済活性化に向けた中小企業の成長戦略」上總康行・中沢孝夫共編著『経営革新から地域経済活性化へ』序章、京都大学学術出版会。

9月　「脱賃加工戦略と中国進出―カーテン製造業（株）カズマの成長戦略―」上總康行・中沢孝夫共編著『経営革新

から地域経済活性化へ』第6章、京都大学学術出版会。

9月　「地域経済活性化への提言」上總康行・中沢孝夫共編著『経営革新から地域経済活性化へ』終章、京都大学学術出版会。

2013年3月　「日本電産株式会社の経営会意格と管理会計―知識創造理論の視点から―」（浅田拓史・吉川晃史氏との共著）『管理会計学』第21巻第2号。

3月　「日本企業を対象とした組織間マネジメント・コントロール研究の現状と方向性」Working Paper Series（関西大学会計専門職大学院）.No.6.

2014年2月　「日本的経営と機会損失の管理―アメーバ経営とトヨタ生産方式の同質性―」『企業会計』第66巻第2号。

11月　「京セラのアメーバ経営―日本を代表する経営管理方式の仕組み―」『福井地域経済研究』（福井県立大学地域経済研究所）、第19号。

上總康行（Yasuyuki Kazusa）

1944年兵庫県生まれ。京都大学名誉教授、福井県立大学名誉教授、経済学博士。
名城大学商学部教授、京都大学経済学部教授、福井県立大学経済学部教授を経て、2012年より公益財団法人メルコ学術振興財団代表理事。

壁を越える 扉を開く
「管理会計学」が教えてくれたこと

2015年3月5日　第1刷発行

著者　上總康行
発行所　ダイヤモンド社
〒150-8409　東京都渋谷区神宮前6-12-17
http://www.diamond.co.jp/
電話/03-5778-7235（編集）　03-5778-7240（販売）
装丁　安食正之（北路社）
制作進行　ダイヤモンド・グラフィック社
印刷　信毎書籍印刷（本文）・共栄メディア（カバー）
製本　宮本製本所
編集担当　寺田文一

ISBN　978-4-478-02956-5